CÉSAR VIDAL

¿QUIÉN ES JESÚS?

CÉSAR VIDAL

¿QUIÉN ES JESÚS?

BRENTWOOD, TN

¿Quién es Jesús?

Copyright © 2023 por César Vidal
Todos los derechos reservados.
Derechos internacionales registrados.

B&H Publishing Group
Brentwood, TN 37027

Diseño de portada: B&H Español

Director editorial: Giancarlo Montemayor
Editor de proyectos: Joel Rosario
Coordinadora de proyectos: Cristina O'Shee

Clasificación Decimal Dewey: 232.8
Clasifíquese: JESUCRISTO—DIVINIDAD / DIOS / CRISTIANDAD

A menos que se indique de otra manera, todas las citas bíblicas han
sido traducidas por el autor a partir de las lenguas originales.

ISBN: 978-1-0877-7201-1

Impreso en EE. UU.
1 2 3 4 5 * 26 25 24 23

ÍNDICE

UNAS PALABRAS
PARA EL LECTOR

La figura de Jesús continúa siendo enormemente sugestiva a pesar del paso no de siglos, sino de milenios. De hecho, para millones de personas, Jesús se ha convertido en una especie de vasija vacía con una etiqueta en la que aparece escrito este nombre y donde se puede meter cualquier contenido. Jesús puede ser así un revolucionario como el Che Guevara, puede ser el fundador de una iglesia cuya trayectoria histórica y cuyas enseñanzas horrorizarían a Jesús, puede ser un extraterrestre enviado desde lejanas galaxias o puede ser un simple rabino o maestro de moral. La realidad histórica es, sin embargo, muy diferente y así lo podemos ver en las fuentes históricas —cristianas, judías y paganas— que, a fin de cuentas, son las únicas que nos permiten reconstruir el pasado.

Durante décadas, el autor de estas páginas se ha dedicado al estudio histórico y teológico de Jesús y del cristianismo primitivo. Semejante trabajo ha ocupado un lugar privilegiado en el trabajo profesional del autor tanto en calidad de historiador como de escritor de obras de ficción. No resulta extraño, pues, que, de manera muy cercana en el tiempo, apareciera publicado su estudio sobre los primeros discípulos de Jesús en el período previo a la ruptura entre la nueva fe y el judaísmo[1] —un texto que constituyó su tesis doctoral en Historia y que no solo obtuvo la máxima calificación académica, sino que también fue objeto del Premio extraordinario de fin de carrera— y su primera novela

---

1. C. Vidal, *Los primeros cristianos* (en prensa) y *El judeo-cristianismo palestino del siglo I: de Pentecostés a Jamnia*, Madrid, 1995.

que abordaba la cuestión de los orígenes históricos de Israel a su salida de Egipto.[2]

En el curso de los siguientes años, ha escrito obras sobre los orígenes de los Evangelios,[3] su contenido,[4] la relación con fenómenos de la época como los sectarios de Qumrán,[5] la figura de Judas[6] o la vida de Pablo de Tarso.[7] También esos temas han sido abordados desde una óptica de ficción tanto en referencia a los orígenes del Evangelio de Marcos[8] o a la investigación llevada a cabo por Lucas para redactar su Evangelio.[9] La consumación de ese trabajo ha sido el libro *Más que un rabino: La vida y los tiempos de Jesús el judío*.

La presente obra pretende acercar la figura y la enseñanza de Jesús de manera sencilla, pero documentada, a aquellos que realmente no las conocen. El autor espera que cuando el lector concluya estas breves páginas conozca, al menos, cómo fue el contexto de la época en que nació Jesús, qué enseñó, a quién se dirigió, qué dijo de sí mismo y qué sucedió con Él. Si así sucede, se sentirá más que satisfecho. Y no entretengo más al que se aproxime a estas páginas. La lectura lo espera.

Miami, Fl., invierno de 2022

---

2. C. Vidal, *El escriba del faraón*, Madrid, 2007 (reedición).

3. C. Vidal, *El primer evangelio*, Barcelona, 1991 e Idem, *El Documento Q*, Barcelona, 2005.

4. C. Vidal, *Diccionario de Jesús y los Evangelios*, Estella, 1995.

5. C. Vidal, *Jesús y los documentos del mar Muerto*, Barcelona, 2006.

6. C. Vidal, *Jesús y Judas*, Barcelona, 2007.

7. C. Vidal, especialmente *Apóstol para las naciones: La vida y los tiempos de Pablo de Tarso*, Nashville, 2021.

8. C. Vidal, *El testamento del pescador*, Barcelona, 2004.

9. C. Vidal, *El Hijo del Hombre*, Madrid, 2007.

¿EN QUÉ ÉPOCA NACIÓ JESÚS?

Conocer de manera cabal la época en que nació Jesús es algo que nos ha venido facilitado por un pasaje del Evangelio de Lucas. En él, se nos describe el contexto del año 26 d. C. Dice así:

> En el año decimoquinto del imperio de Tiberio César, siendo gobernador de Judea Poncio Pilato, y Herodes, tetrarca de Galilea, y su hermano Felipe, tetrarca de Iturea y de la provincia de Traconite, y Lisanias tetrarca de Abilinia, y siendo sumos sacerdotes Anás y Caifás, vino Palabra de Dios a Juan, hijo de Zacarías, en el desierto (Luc. 3:1-2).

Lejos de tratarse de una mera nota histórica, en este pasaje, Lucas estaba trazando todo un panorama del mundo en que se desarrollaría el ministerio público del Bautista y, aproximadamente medio año después, el de Jesús. En la pirámide de ese mundo se encontraba Tiberio César, el emperador de Roma, la primera potencia de la época. En el año 14 d. C., Tiberio se había convertido en emperador —lo sería hasta el año 37— tras una larga peripecia personal. Hijo de Tiberio Claudio Nerón y de Livia Drusila, Tiberio vivió el divorcio de su madre y su ulterior matrimonio con el emperador Octaviano. De esa manera, Tiberio se convirtió, primero, en hijastro del emperador, se casaría después con su hija Julia y, finalmente, sería adoptado por Octaviano. Tiberio dio muestras de una notable competencia militar, conquistando regiones de Europa como Panonia, Dalmacia, Retia e incluso partes de Germania, y acabó sucediendo a Octaviano como emperador tras la oportuna desaparición de otros pretendientes al trono. Igualmente estaba dotado de una notable capacidad militar y administrativa y no le faltó habilidad para tratar con el senado o para conseguir que la tranquilidad reinara en calles y caminos. Sin embargo, esos logros innegables no constituían el cuadro completo de su personalidad. Por ejemplo, aborrecía las religiones orientales y, en especial, la egipcia y la judía[1] y, por encima de todo, albergaba un temperamento depresivo y una mentalidad pervertida. En el año 26 d. C., decidió abandonar Roma y, tras dejar el poder en manos de los prefectos pretorianos Elio Sejano y Quinto Nevio Sutorio Macrón, se marchó a Capri. Allí se entregó a una verdadera cascada de lujuria. A la vez que recopilaba una colección extraordinaria de libros ilustrados con imágenes pornográficas, disfrutaba reuniendo a jóvenes para que se entregaran ante su mirada a la fornicación.[2] Por añadidura, mantenía todo tipo de relaciones sexuales —incluida la violación— con mujeres y hombres[3] y, no satisfecho con esa conducta, se entregó a prácticas que el mismo Suetonio relata con repugnancia:

> Incluso se cubrió con una infamia tan grande y vergonzosa que apenas se puede narrar o escuchar —mucho menos creerse— como que acostumbraba a niños de muy corta edad, a los que llamaba sus «pececillos» a que, mientras él nadaba, se colocaran entre sus muslos y, jugando, lo excitaran con la lengua y con mordiscos, e incluso, siendo ya mayores, pero sin dejar de ser niños, se los acercaba a la ingle como si fuera una teta.[4]

Como en tantas épocas de la historia, una potencia concreta, en este caso imperial, ostentaba la hegemonía y, al frente de la misma, se hallaba un amo absoluto. En el caso de Roma, durante los ministerios de Juan, primero, y de Jesús, muy poco después, la cúspide de la pirámide la ocupaba un pervertido sexual que no tenía el menor escrúpulo a la hora de violar a hombres y a mujeres o de abusar de niños.

---

1. Suetonio, *Tiberio*, XXXVI.
2. Idem, XLIII
3. Idem, XLV, XLII y XLIV.
4. Idem XLIV.

La presencia del poder romano derivado del emperador Tiberio en la parte del mundo donde estaba Jesús se hallaba encarnada en Poncio Pilato, el segundo personaje de la lista que encontramos en la fuente lucana. Su gobierno fue de enorme tensión[5] y tanto Josefo como Filón nos lo presentan bajo una luz desfavorable[6] que, seguramente, se correspondió con la realidad. Desde luego, se vio enfrentado con los judíos en diversas ocasiones. Josefo narra[7] cómo en uno de esos episodios introdujo, en contra del precepto del Decálogo que no solo prohíbe hacer imágenes sino también rendirles culto (Ex. 20:4-5), unas estatuas en Jerusalén aprovechando la noche. La reacción de los judíos ante ese hecho resultó rápida y unánime. De manera reveladoramente pacífica, marcharon hacia Cesarea, donde se encontraba a la sazón Pilato, y le suplicaron que retirara las efigies de la ciudad santa. Pilato se negó a ceder ante aquella petición y entonces los judíos permanecieron durante cinco días postrados ante la residencia del prefecto. Cuando este, irritado por aquella conducta, los amenazó con la muerte, los judíos mostraron sus cuellos indicando que preferían morir a quebrantar la ley de Dios. Finalmente, Pilato optó por retirar las imágenes. El episodio resulta de enorme relevancia porque de él se desprende que los judíos optaron por llevar a cabo una acción que podríamos denominar no violenta y que les permitió alcanzar su objetivo.

Una respuesta similar, en lo que a la ausencia de violencia se refiere, fue la que dieron también los judíos con ocasión de otro de los desaires de Pilato. Nos estamos refiriendo a la utilización de dinero sagrado de los judíos por parte del romano con la finalidad de construir un acueducto.[8] Para los judíos resultaba obvio que el aspecto religioso primaba sobre la consideración práctica de que Pilato hubiera traído el agua desde una distancia de doscientos estadios. Sin embargo, aun así, optaron por

---

5. En el mismo sentido, M. Smallwood, *The Jews under the Roman Rule*, Leiden, 1976, pág. 172.

6. Una crítica de diversas opiniones en los especialistas en M. Stern, *The Jewish People*, I, Assen, 1974, pág. 350.

7. *Guerra 2, 169-174*; Ant 18, 55-59.

8. *Guerra 2, 175-77*; Ant 18, 60-62.

una conducta pacífica que excluía cualquier forma de violencia. Pilato resolvió entonces disfrazar a parte de sus tropas y darles la orden de que golpearan a los que vociferaban, pero no con la espada, sino con garrotes. El número de heridos fue considerable (entre ellos, los pisoteados por sus compatriotas en el momento en que huyeron en desbandada), pero allí terminó todo el tumulto.[9]

El representante de Roma en la zona del mundo donde vivió Jesús era, por lo tanto, un hombre sin escrúpulos morales, que despreciaba a los judíos, que no tenía problema alguno en recurrir a la violencia para alcanzar sus objetivos y que era sensible a las presiones que pudieran poner en peligro su posición. Esas características se revelarían dramáticamente presentes en la vida de Jesús.

En tercer lugar, la fuente lucana menciona a tres personajes que representaban el poder local, a saber, Herodes, tetrarca de Galilea, y su hermano Felipe, tetrarca de Iturea y de la provincia de Traconite, y Lisanias tetrarca de Abilinia. Tan peculiar reparto estaba conectado con la desintegración del reino de Herodes el Grande a manos de Roma. Para entender ese episodio, debemos remontarnos varias décadas atrás. Durante el convulso período de las guerras civiles que acabaron con la república de Roma y abrieron paso al imperio, un idumeo llamado Herodes se había convertido en rey de los judíos. Muestra de su talento excepcional es que, por regla general, al iniciarse las guerras se encontraba en el bando que resultaría perdedor, pero siempre lograba al final del conflicto hacerse perdonar y beneficiarse del triunfo de los vencedores. Comenzar un conflicto bélico en el bando perdedor y concluirlo siempre en el ganador dice no poco de Herodes.

Herodes el Grande reinó desde el año 37 al 4 a. C. dando muestras repetidas de un talento político eficaz y despiadado. Durante su primera década en el trono (37-27 a. C.), exterminó literalmente a los miembros de la familia de la dinastía judía

---

9. Pilato representó un papel esencial en los últimos días de la vida de Jesús. En el año 36 d. C., como consecuencia de unas protestas presentadas ante Vitelio, gobernador de Siria, por los samaritanos, a los que Pilato había reprimido duramente con las armas, fue destituido.

de los hasmoneos y a buena parte de sus partidarios, y, sobre todo, supo navegar por el proceloso mar de las guerras civiles romanas pasando de la alianza con Marco Antonio a la sumisión a Octavio.

Durante la siguiente década y media, Herodes, ya consolidado en el poder, dio muestras de un talento político notable. Por un lado, intentó satisfacer a sus súbditos judíos comenzando las obras de ampliación del templo de Jerusalén y celebrando con toda pompa las festividades judías.[10] En paralelo, se caracterizó por una capacidad constructora que se reflejó en la fortaleza Antonia de Jerusalén, el palacio-fortaleza de Masada o el Herodium entre otras edificaciones. Era, sin duda, un monarca judío que, a la vez, se preocupaba por incorporar los avances de la cultura helenística —acueductos, nudos de comunicación, etc.— con auténtica pasión. No deja de ser significativo que, a pesar de su acusada falta de moralidad, se ganara la reputación de *euergetes* (bienhechor) gracias a sus muestras de generosidad hacia poblaciones no judías situadas en Fenicia, Siria, Asia Menor e incluso Grecia.

La última década de gobierno de Herodes (13-4 a. C.) estuvo envenenada por confrontaciones de carácter doméstico provocadas por el miedo de Herodes a verse desplazado del trono por sus hijos. En el 7 a. C. —quizás el año del nacimiento de Jesús y de la matanza de los inocentes— Herodes, con el consentimiento de Roma, ordenó estrangular a sus hijos Alejandro y Aristóbulo. La misma suerte —y también con el permiso de Roma— correría otro hijo, Herodes Antípatro, acusado de conspirar contra su padre. La ejecución tuvo lugar tan solo cinco días antes de que el propio Herodes exhalara el último aliento en Jericó (4 a. C.).

El legado de Herodes fue realmente extraordinario y nada tuvo que envidiar, en términos territoriales, al del propio rey David. Al llegar al poder en el 37 a. C., Herodes solo contaba con la Judea de Antígono. A su muerte, su reino abarcaba toda Palestina a excepción de Ascalón; territorios en Transjordania; y un amplio terreno en el noroeste que incluía

---

10. Sobre el templo y las festividades, ver la Guía de estudio.

Batanea, Traconítide y Auranítide, pero excluía la Decápolis.
Por otro lado, la absorción de los beneficios de la helenización
era indudable y, de hecho, los súbditos de Herodes eran, como
mínimo, gentes bilingües que, pensaran lo que pensaran de la
cultura griega, se aprovechaban de no pocos de sus logros. Sin
embargo, toda aquella herencia no tardó en verse profundamente
erosionada.

A la muerte de Herodes, estallaron los disturbios contra
Roma y contra su sucesor, Arquelao. En la Pascua del año 4
a. C. se produjo una sublevación de los judíos porque Arquelao
se negó a destituir a Joazar, el nuevo sumo sacerdote de dudosa
legitimidad. Pese a que el disturbio quedó sofocado con la muerte
de tres mil judíos, apenas unas semanas después, durante la festi-
vidad de Pentecostés, el romano Sabino tuvo que hacer frente a
un nuevo levantamiento judío que solo pudo conjurar tras recibir
ayuda de Varo, el gobernador romano de Siria.[11] Para colmo, el
problema no concluyó.

En poco tiempo, la rebelión se extendió, como una mancha
de aceite, por todo el país. Un rebelde llamado Judas se apoderó
de Séforis. Otro, de nombre Simón, se sublevó en Perea. Atron-
gues y sus cuatro hermanos comenzaron a campear por Judea.
Sin embargo, la descoordinación era obvia ya que lo único que
los unía era el odio contra Roma y el deseo de ser reyes.[12] La
respuesta de Roma fue rápida y contundente. Séforis fue arrasada
y sus habitantes vendidos como esclavos. Safo y Emaús fueron
destruidas. Jerusalén fue respetada aunque se llevó a cabo la crucifixión de dos mil rebeldes.

Aquella sucesión de revueltas había dejado de manifiesto
que Arquelao había demostrado su incapacidad para gobernar
y semejante circunstancia no podía ser tolerada por Roma. De
manera fulminante, el antiguo reino de Herodes fue dividido
entre tres de sus hijos: Arquelao recibió Judea, Samaria e Idumea;
Herodes Antipas, Galilea y Perea, con el título de tetrarca; y
Filipo, la Batanea, la Traconítide, la Auranítide y parte del terri-
torio que había pertenecido a Zenodoro. Por su parte, Salomé, la

---

11. *Guerra II, 39-54*; Ant XVII, 250-268.
12. *Guerra II, 55-65*; Ant XVII, 269-285.

hermana de Herodes, recibió Jamnia, Azoto y Fáselis, mientras que algunas ciudades griegas fueron declaradas libres. Por cierto, la incapacidad como gobernante de Arquelao siguió siendo tan acentuada que el año 6 d. C. Roma decidió privarle de su reino —aunque, en puridad, ya no era rey, sino etnarca— y absorber los territorios que lo componían.

El panorama derivado de este desarrollo histórico no podía ser más elocuente. Los sucesores de Herodes no eran, ni de lejos, mejores moralmente que el monarca idumeo, pero sí eran más torpes, más incompetentes, más necios. Su ausencia de poder no se tradujo, por lo tanto, en mayor libertad o en mejor gobierno para sus súbditos, sino en una tiranía semejante desprovista por añadidura de los logros del fundador de la dinastía. En el terreno de la política, ya fuera nacional o extranjera, los contemporáneos de Juan el Bautista y de Jesús, ciertamente, tenían pocas razones para estar satisfechos.

¿Y qué pasaba con la religión? ¿Había algún motivo para pensar que, más allá de la política internacional y nacional, en ella podría encontrarse algún consuelo? Una vez más, Lucas deja de manifiesto una especial agudeza ya que menciona como sumos sacerdotes no a un personaje sino a dos, en concreto, Anás y Caifás. Con esa afirmación —que un observador descuidado habría tomado por un error histórico— Lucas señalaba una realidad que marcó durante décadas la política religiosa en el seno de Israel. El sumo sacerdote siempre fue, *de facto*, Anás dando lo mismo si ostentaba o no oficialmente el título. En otras palabras, en no pocas ocasiones, hubo un sumo sacerdote oficial —como Caifás— y otro que era el real y que se llamaba Anás.

Anás fue designado como sumo sacerdote en la provincia romana de Judea por el legado romano Quirinio en el año 6 d. C. Se trató de un paso de extraordinaria relevancia porque tuvo lugar justo después de que Roma hubiera colocado Judea bajo su gobierno directo. Anás se convertía así en la primera autoridad judía precisamente en el lugar donde se asentaban Jerusalén y su templo. Durante una década que fue del 6 al 15 d. C. Anás fue sumo sacerdote. Finalmente, el procurador romano Grato lo destituyó aunque no consiguió acabar con su influencia.

De hecho, durante las siguientes décadas, Anás mantuvo las riendas del poder religioso en sus manos a través de alguno de sus cinco hijos o de su yerno Caifás, todos ellos sucesores suyos como sumos sacerdotes aunque, en realidad, no pasaran de ser sus subordinados. Josefo dejó al respecto un testimonio bien revelador:

> Se dice que el anciano Anás fue extremadamente afortunado. Tuvo cinco hijos y todos ellos, después de que él mismo disfrutó previamente el oficio durante un periodo muy prolongado, se convirtieron en sumos sacerdotes de Dios —algo que nunca había sucedido con ningún otro de nuestros sumos sacerdotes.[13]

Anás y sus sumos sacerdotes subrogados mantuvieron su poder hasta el final del período del segundo templo y lo hicieron convirtiendo el sistema religioso judío es una inmensa trama de corrupción. Como acabaría diciendo Jesús, convertirían el templo en una cueva de ladrones (Mat. 21:13). Es un juicio moderado si se compara con lo que el mismo Talmud dice de los sumos sacerdotes de la época a los que se acusa de golpear con bastones, dar puñetazos o, en el caso de la casa de Anás, silbar como las víboras, es decir, susurrar con un peligro letal.[14]

Suele ser un hábito común el hablar pésimamente de la época que le toca vivir a cada uno e incluso referirse a un pasado supuestamente ideal y perdido. Sin embargo, se mire como se mire, las coordenadas cronológicas expuestas por Lucas en pocas frases resultan dignas de reflexión. El mundo en que Juan —y tras él Jesús— iba a comenzar su ministerio era un cosmos en cuya cúspide un degenerado moral renunciaba al ejercicio del poder para entregarse al abuso sexual de hombres, mujeres y niños; donde su representante era un hombre que carecía de escrúpulos morales, pero también tenía una veta oculta de cobardía; donde Israel seguía estando en manos de gobernantes malvados y corruptos, pero, a la vez, desprovistos del talento político de Herodes el Grande; y donde la esperanza espiritual quedaba encarnada en una jerarquía religiosa pervertida en la

---

13. *Antigüedades*, XX, 9.1.
14. Pesajim 57ª.

que el nepotismo y la codicia resultaban más importantes que
la oración y el temor de Dios. En tan poco atractivo contexto,
Juan el bautista comenzó a predicar en el desierto precediendo
al Mesías y, aproximadamente, medio año antes de que Jesús
hiciera acto de presencia.

¿QUÉ ENSEÑÓ JESÚS?

Debe reconocerse que existe una gran confusión sobre la enseñanza de Jesús. Si saliéramos con un micrófono a la calle e indagáramos entre los transeúntes para saber lo que creen que enseñó Jesús, nos encontraríamos con respuestas peculiares. «Jesús habría enseñado la fraternidad universal» —nunca lo hizo—, «Jesús dijo que lo único importante era el amor» —no es cierto—, «Jesús predicó la revolución social como Che Guevara» —quien responda así no tiene ni idea de lo que enseñaron Jesús y el Che— y un largo etcétera semejante. Lo cierto es que Jesús presentó una visión de la realidad que para muchos resultaría antipática e inaceptable. En la enseñanza de Jesús se puede ver con claridad que el género humano, como individuos y como conjunto, no está formado por seres cuyo ego debe ser halagado continuamente, sino por pobre gente —¡sin excepción!—totalmente extraviada e incapaz por sí misma de salir de las terribles situaciones en las que se encuentra sumida.

Para entrar en el reino, Jesús señaló que se requiere, fundamentalmente, la humildad de reconocer cuál es la verdadera situación espiritual del ser humano y también asumir la rapidez con que hay que responder ante esa realidad negativa e innegable. El género humano, en general, y cada persona, en particular, es semejante a una oveja perdida que no es capaz de regresar al redil (Luc. 15:1-7), a una moneda que se ha caído del bolsillo de su dueña (Luc. 15:8-10) y, por supuesto, no puede volver a ella o a un hijo insolente e incapaz que despilfarra la fortuna recibida de su padre para verse reducido a una suerte tan odiosa para un judío como la de verse obligado a dar de comer a un animal impuro como los cerdos (Luc. 15:11-32). Muy posiblemente, la manera en que esta visión peculiar del mundo quedó expresada con mayor claridad fue en la parábola más hermosa y conmovedora de Jesús, la mal llamada parábola del hijo pródigo porque, en realidad, debería ser conocida como la parábola del buen padre o, más apropiadamente, de los dos hijos:

Un hombre tenía dos hijos; y el menor de ellos dijo a su padre: «Padre, dame la parte de los bienes que me corresponde»; así que les repartió los bienes. No muchos días después, juntándolo todo el hijo menor, se marchó lejos a una provincia apartada; y allí dilapidó sus bienes viviendo perdidamente. Y cuando hubo derrochado todo, sobrevino una gran hambre en aquella provincia, y comenzó a pasar necesidad. Y fue y se arrimó a uno de los habitantes de aquella tierra, que le envió a su hacienda para que apacentase cerdos. Y deseaba llenar su vientre de las algarrobas que comían los cerdos, pero nadie se las daba. Y volviendo en sí, dijo: «¡Cuántos jornaleros en casa de mi padre tienen pan de sobra, y yo aquí perezco de hambre! Me levantaré e iré a mi padre, y le diré: "Padre, he pecado contra el cielo y contra ti. Ya no soy digno de ser llamado hijo tuyo; trátame como a uno de tus jornaleros"». Y levantándose, vino a su padre. Y cuando aún estaba lejos, lo vio su padre, y se conmovió, y echó a correr, y se le echó al cuello, y le besó. Y el hijo le dijo: «Padre, he pecado contra el cielo y contra ti, y ya no soy digno de ser llamado hijo tuyo». Pero el padre dijo a sus siervos: «Traed el mejor vestido, y vestidle; y ponedle un anillo en la mano, y calzado en los pies. Y traed el becerro cebado y matadlo, y comamos y hagamos una fiesta; porque este hijo mío estaba muerto, y ha vuelto a la vida; se había perdido, y ha sido hallado». Y comenzaron a entregarse a la alegría. Y su hijo mayor estaba en el campo; y cuando vino, y estaba cerca de la casa, escuchó la música y las danzas; y llamando a uno de los criados, le preguntó qué era aquello. Él le dijo: «Tu hermano ha venido; y tu padre ha ordenado sacrificar el becerro cebado, por haberlo recobrado sano y salvo». Entonces se encolerizó, y no quería entrar. Salió, por tanto, su padre, y empezó a suplicarle que entrara, pero él le respondió: «Así que llevo sirviéndote tantos años y nunca te he desobedecido y jamás me has dado ni un cabrito para divertirme con mis amigos. Pero cuando apareció este hijo tuyo, que ha consumido tus bienes con rameras, has ordenado que sacrifiquen en su honor el becerro cebado». Pero él le dijo: «Hijo, tú siempre estás conmigo, y todo lo mío es tuyo, pero era necesario

celebrar un banquete y alegrarnos, porque tu hermano estaba muerto, y ha vuelto a la vida; se había perdido, y ha sido hallado».
(Luc. 15:11-32)

La enseñanza de Jesús difícilmente hubiera podido ser más clara. Nadie es capaz de salvarse por sus propios méritos, como dejan de manifiesto las situaciones desesperadas e impotentes reflejadas en las parábolas de la oveja perdida, de la moneda extraviada o de los dos hijos. Sin embargo, Dios ha enviado a Su Hijo para encontrar a toda esa gente perdida y extraviada. Fuera de la posibilidad de salvación están no los malvados —a los que también se ofrece el perdón—, sino aquellos que se consideran tan buenos, tan justos, tan religiosos que se niegan a estar al lado de los pecadores sin percatarse de que sus propios pecados pueden ser mucho peores. A fin de cuentas, si el hijo mayor no entra en el banquete celebrado por el padre no es porque se le cierren las puertas, sino porque él, en su soberbia autojustificación, se las cierra. Se considera tan superior moralmente que no soporta la idea de verse al lado de un pecador confeso. Es precisamente su actitud —no otra circunstancia— la que le impide disfrutar de una celebración rezumante de alegría.

La respuesta a esa llamada ha de ser tan rápida como la de un administrador ladrón que, al saber que lo van a despedir, se apresura a buscarse nuevos amigos y no quedarse a la intemperie (Luc. 16:1-8) y, sobre todo, tan humilde como la de aquel que reconoce que su salvación no puede venir nunca de sus propios méritos —esa, en realidad, es la garantía de no obtener nunca salvación—, sino de la misericordia amorosa de Dios. A ese respecto, una de las parábolas de Jesús resulta de especial claridad:

Dijo también a unos que confiaban en que eran justos, y menospreciaban a los demás, esta parábola: «Dos hombres subieron al templo a orar. Uno era fariseo y el otro, publicano. El fariseo, en pie, oraba consigo mismo de esta manera: "Dios, te doy gracias que no soy como los otros hombres, ladrones, injustos, adúlteros, ni tampoco como este publicano. Ayuno dos veces a la semana, doy diezmos de todo lo que poseo". Sin embargo, el publicano, situado lejos, no quería ni siquiera alzar los ojos al cielo, sino que se golpeaba el

pecho, diciendo: "Dios, sé propicio a mí pecador"». Os digo que
éste descendió a su casa justificado mientras que el otro, no; porque
cualquiera que se ensalza, será humillado; y el que se humilla, será
ensalzado.
(Luc. 18:9-14)

El género humano por completo —y eso no excluye ni siquiera
a los lectores de esta obra— está perdido, extraviado, destituido y solo merece el castigo de Dios por la manera en que
ha quebrantado y quebranta Sus mandamientos. Jesús anunció
la posibilidad del perdón de Dios, pero dejó claro que este
solo es posible para aquellos que reconocen que no tienen el
menor merecimiento para recibirlo, como es el caso del pecador publicano. Por el contrario, ese perdón resulta inaccesible
para los que piensan que serán justificados por sus obras. Ni
siquiera esa circunstancia tiene lugar cuando las obras supe-
ran lo exigido por la Torah. Que el fariseo se considerara
superior a los pecadores o que diera el diezmo de todo —en
lugar de seguir el diezmo trienal recogido en la Torah (Deut.
26:13-14)— o que ayunara mucho más allá del ayuno prescrito
para el Día de la Expiación o Yom Kippur no significa realmente nada a los ojos de Dios. El fariseo no puede obtener la
justificación por obras porque la justificación solo es otorgada
por Dios a aquel que se confía a Él reconociendo su carencia
de medios para salvarse.

No sorprende que a continuación de esta parábola, el autor
del tercer Evangelio incluyera el relato de Jesús ordenando a Sus
discípulos que permitan a los niños acercarse a Él porque el reino
ha de ser recibido con el corazón —sencillo, alegre, confiado y
consciente de que todo es un regalo maravilloso— propio de un
niño (Luc. 18:15-17).

La enseñanza de Jesús difícilmente hubiera podido ser más
clara. El género humano, sin excepción, está perdido de manera
tan irremisible que nada puede hacer para salir por sus propios
medios de esa condenación. Sin embargo, ahora Dios había
enviado a Jesús para sacarlo de esa situación y estaba abriendo
la posibilidad de entrar en el reino. Se trataba de una oportunidad
extraordinaria como la del pobre y agobiado campesino que un

día descubría un tesoro en el terreno que arrendaba o como la de un comerciante que, al fin y a la postre, da con la oportunidad de su vida. Ante ella, lo único sensato era moverse con rapidez y aceptar humildemente un ofrecimiento no merecido, pero lleno de bendiciones.

¿A QUIÉN ENSEÑÓ JESÚS?

El mensaje que señalaba la perdición general del género humano, pero también la posibilidad de reconciliarse con Dios no lo limitó Jesús a ningún tipo de personas. Por el contrario, lo abrió a hombres y mujeres, a judíos y a paganos, a gente acomodada y a personas en situación de destitución social. En este apartado, vamos a ver dos ejemplos de uno de esos múltiples encuentros de Jesús con personas de todo tipo. Gente distinta, pero que recibió el mismo mensaje: estaban perdidos espiritualmente, no podían salvarse por sí mismos mediante obras, ceremonias, donativos ni religiones y necesitaban volverse a Dios reconociendo la realidad de su situación para así entrar en el reino.

Entre los últimos meses del año 26 d. C., y los primeros del año 27 d. C., Jesús fue reuniendo en torno suyo a un pequeño número de *talmidim* o discípulos. Es precisamente Juan quien nos ha proporcionado algunos de los datos más interesantes al respecto. Con Su grupo de discípulos, aún reducido, descendió Jesús a Jerusalén en la Pascua del año 27 d. C. Fue precisamente en esta primera visita de Jesús a Jerusalén acompañado de algunos discípulos cuando tuvo lugar un encuentro con un maestro fariseo llamado Nicodemo (Juan 2:23–3:21). De Nicodemo tenemos más datos gracias al Talmud que lo llama Naqdemón. Este Naqdemón, hijo de Gorión (o Gurión) era senador en Jerusalén y uno de los tres nobles más acaudalados de la ciudad. Con todo, buena parte de su riqueza se hallaba situada en Ruma, en la Galilea inferior.[1] Sus relaciones con la administración romana eran muy

---

1. T. Eruv, 3 (4): 17.

buenas,[2] quizás porque su buena posición económica lo inclinaba a mantener una posición favorable a evitar turbulencias sociales y a mantener el *statu quo*.

Durante la guerra judía contra Roma (66-73 d. C.), los zelotes quemaron los graneros de Nicodemo[3] en un episodio terrible de lucha civil de clases como se han dado en otras ocasiones en la historia judía, sin excluir los acontecidos durante la gran tragedia del Holocausto. Sabemos también que su hija pasó una terrible necesidad y que su *ketubá* o contrato de matrimonio fue firmado por el rabino Yohanán ben Zakkai, un discípulo del famoso Hillel.[4] Un hijo de Nicodemo participó en las negociaciones con los romanos, al principio de la guerra del año 66 d. C., encaminada a rendir la ciudad de Jerusalén.[5] No sabemos, sin embargo, a ciencia cierta cómo se desarrolló la vida de Nicodemo con posterioridad.

Precisamente, el episodio del encuentro de Jesús con Nicodemo, narrado por Juan, constituye un ejemplo claro de lo que implicaba la predicación de Jesús y hasta qué punto se hallaba profundamente imbricada en el judaísmo aunque muchos no necesariamente se percataran de ello. Señala el relato:

> Y había un hombre de los fariseos que se llamaba Nicodemo, príncipe de los judíos. Este vino a Jesús de noche, y le dijo: «Rabbí, sabemos que has venido como maestro procedente de Dios porque nadie puede realizar estas señales que tú haces, si Dios no está con él». Respondió Jesús, y le dijo: «De cierto, de cierto te digo, que el que no nazca de nuevo, no puede ver el reino de Dios». Le dijo Nicodemo: «¿Cómo puede entrar en el hombre nacer siendo viejo? ¿Puede entrar de nuevo en el vientre de su madre, y nacer?». Respondió Jesús: «De cierto, de cierto te digo, que el que no nazca de agua y del Espíritu, no puede entrar en el reino de Dios. Lo que es nacido de la carne, es carne y lo que es nacido del Espíritu, es espíritu. No te maravilles de que te haya dicho: "Es necesario que nazcáis de nuevo". El viento sopla donde quiere y oyes su sonido, pero no sabes de dónde viene, ni a dónde va. Así es

---

2. B. Taʿan 19b.

3. Gittin 56ª.

4. B. Ketubot 66b, T. Ketub 5, 9-10, Mek. R. Ishmael (Ravin y Horovitz ed), 203-204.

5. Josefo, *Guerra, II*, 451.

todo aquel que ha nacido del Espíritu». Respondió Nicodemo, y le dijo: «¿Cómo puede llegar a ser eso?». Respondió Jesús, y le dijo: «¿Tú eres el maestro de Israel y no lo sabes? De cierto, de cierto te digo, que lo que sabemos hablamos, y de lo que hemos visto, damos testimonio y no recibís nuestro testimonio. Si os he dicho cosas terrenales, y no las creéis, ¿cómo podríais creer si os dijera las celestiales?».
(Juan 3:1-12)

El texto precedente —referido a nacer del agua y del Espíritu— ha sido señalado en repetidas ocasiones como una referencia de Jesús al bautismo como sacramento regenerador. Semejante interpretación resulta absolutamente imposible y denota fundamentalmente la triste ignorancia de algunos exégetas en relación con el trasfondo judío de Jesús y, muy especialmente, la deplorable tendencia a proyectar dogmas posteriores sobre un texto bíblico que nada tiene que ver. Resulta absolutamente imposible que Jesús hubiera podido señalar que era sorprendente que el maestro de la Torah, Nicodemo, no entendiera unas palabras supuestamente referidas a un dogma católico posterior. Por el contrario, sí resulta totalmente lógico que pudiera subrayar que Nicodemo estaba obligado a identificar el origen de las palabras de Jesús ya que no iban referidas a un sacramento como el bautismo —desconocido para los judíos— sino al cumplimiento de una de las profecías contenidas en el libro del profeta Ezequiel. El texto resulta enormemente interesante porque, en primer lugar, describe por qué el juicio de Dios se había desencadenado sobre Israel enviándolo al destierro de Babilonia. La razón había sido, sustancialmente, que los judíos habían derramado sangre y que además habían procedido a rendir culto a las imágenes, extremos ambos que quebrantaban la Torah y que implicaban una profanación del nombre de Dios:

Y vino a mí palabra de YHVH, diciendo: «Hijo del hombre, mientras moraba en su tierra la casa de Israel, la contaminaron con sus caminos y con sus obras. Como inmundicia de mujer que tiene la menstruación resultó su camino delante de mí. Y derramé mi ira sobre ellos por las sangres que derramaron sobre la tierra; porque con sus imágenes la contaminaron. Y los esparcí entre los gentiles, y fueron aventados por las tierras. Los juzgué de acuerdo con sus caminos y sus obras.

Y cuando se encontraban entre los gentiles, profanaron mi santo nombre, diciéndose de ellos: "Estos son pueblos de YHVH, y de la tierra de Él han salido". Y he tenido compasión en atención a mi santo nombre, que profanó la casa de Israel entre los gentiles a donde fueron. Por tanto, di a la casa de Israel: "Así ha dicho el Señor YHVH: 'No lo hago a causa de vosotros, oh casa de Israel, sino a causa de mi santo nombre, que profanasteis entre los gentiles a donde habéis llegado. Y santificaré mi gran nombre profanado entre los gentiles, que profanasteis vosotros en medio de ellos; y sabrán los gentiles que yo soy YHVH', dice el Señor YHVH, 'cuando fuere santificado en vosotros delante de sus ojos. Y yo os tomaré de las gentes, y os juntaré de todas las tierras, y os traeré a vuestro país'"».
(Ezeq. 36:16-24)

Sin embargo, a pesar del castigo del destierro procedente de manera directa de Dios, Ezequiel también había señalado que Dios traería de nuevo a Israel a su tierra —algo que sucedió al cabo de setenta años de cautiverio en Babilonia— y que entonces, cuando de nuevo se encontraran en su suelo patrio, Dios realizaría una nueva obra entre los judíos, precisamente la que Jesús estaba anunciando a Nicodemo:

Y derramaré sobre vosotros agua limpia, y seréis limpiados de todas vuestras inmundicias; y de todas vuestras imágenes os limpiaré. Y os daré corazón nuevo, y pondré espíritu nuevo dentro de vosotros; y quitaré de vuestra carne el corazón de piedra, y os daré corazón de carne. Y pondré dentro de vosotros mi Espíritu, y haré que caminéis en mis mandamientos, y guardéis mis mandatos y los pongáis en práctica.
(Ezeq. 36:25-27)

El texto difícilmente puede arrojar más luz sobre la referencia de Jesús. Dios iba a dar lugar a un acto prodigioso desde una perspectiva espiritual. Iba a limpiar los corazones en una obra de redención nueva que incluiría de manera bien acentuada la exclusión del pecado de rendir culto a las imágenes que había causado el castigo divino descargado sobre Israel. Por añadidura, introduciría un nuevo elemento desconocido hasta entonces en el trato entre Dios e Israel. Sería la dádiva de un nuevo corazón sumado al regalo del Espíritu que capacitaría a los hijos de Israel a vivir de acuerdo a los caminos del Señor. Eso —y no la referencia a una práctica sacramental muy posterior— era lo que tenía que haber conocido un maestro de la Torah como Nicodemo. Naturalmente, la pregunta que surgía al escuchar las palabras de Jesús era la de cómo iba a tener lugar todo aquello. Jesús se lo señaló a Nicodemo a continuación:

> Y de la misma manera que Moisés levantó la serpiente en el desierto, así es necesario que el Hijo del Hombre sea levantado; para que todo aquel que crea en Él, no se pierda, sino que tenga vida eterna. Porque de tal manera amó Dios al mundo, que ha dado a Su Hijo unigénito, para que todo aquel que en Él cree, no se pierda, sino que tenga vida eterna. Porque no envió Dios a Su Hijo al mundo, para que condene al mundo, sino para que el mundo sea salvado por Él. El que en Él cree, no es condenado, pero el que no cree, ya ha sido condenado, porque no creyó en el nombre del unigénito Hijo de Dios.
> (Juan 3:13-18)

No cabe duda de que la descripción proporcionada por Jesús a Nicodemo resulta sobrecogedora. Fuera o no consciente aquel maestro de la Torah, la historia había llegado a un punto culminante. En el pasado, Dios había impulsado a Moisés para que levantara la serpiente de bronce en el desierto y así diera salvación a un pueblo de Israel desobediente y justamente sometido al dolor (Núm. 21:9). Ahora ese Dios, el que había formulado las promesas a Ezequiel para que se las entregara a Israel, había enviado por puro amor a Su Hijo con una misión salvadora. De hecho, todo el que creyera en Él no se perdería sino que tendría vida eterna.

Que un mensaje tan claro de cumplimiento de las Escrituras de Israel haya podido ser convertido con el paso de los siglos en una catequesis bautismal es una seña evidente —y triste— de hasta qué punto algunos de los que se consideran seguidores de Jesús han perdido el contacto con la realidad del personaje y de Su enseñanza.

Sin embargo, Jesús no se dirigió solo a gente como Nicodemo, que era judío, varón y seguramente acomodado. Fue precisamente de regreso de aquel viaje a Jerusalén en que conversó con Nicodemo cuando tuvo lugar otro encuentro aún más llamativo porque el interlocutor de Jesús fue una mujer hereje y, por añadidura, de vida desordenada. Nos referimos, claro está, a la conversación con la samaritana (Juan 4:5-42). El episodio constituye otro ejemplo de materiales relacionados con la vida de Jesús que solo nos han llegado a través del Evangelio de Juan y que recogen no predicaciones ante auditorios grandes sino encuentros con personajes particulares. En ese sentido, estas piezas de información histórica nos permiten acceder a un Jesús más privado, inserto en situaciones que un narrador interesado nunca hubiera consignado precisamente por lo comprometido de su contenido.

Desprovisto de los prejuicios religiosos de otros judíos que nunca hubieran pasado por Samaria en su regreso desde Jerusalén a sus hogares, Jesús se detuvo en Sicar, «junto a la heredad que Jacob dio a José su hijo» y, cansado del camino, se sentó al lado del pozo (Juan 4:5-6). Fue precisamente entonces cuando apareció una mujer que aprovechaba la hora en que la gente descansaba para acudir a sacar agua. Muy posiblemente, la razón era evitar los comentarios maliciosos que sobre ella pudieran realizar los que despreciaban su conducta. El hecho de que Jesús le pidiera de beber provocó una reacción de sorpresa en la mujer que no entendió que un judío solicitara algo así, sabiendo que los judíos no se tratan con los samaritanos (Juan 4:9). Incluso le planteó la causa secular del conflicto entre ambos, es decir, la identidad del lugar donde debía adorarse a Dios (Juan 4:20). La respuesta —bien significativa— de Jesús fue que «la salvación viene de los judíos» (Juan 4:22). Sin embargo, se había acercado la hora en que los adoradores de Dios seguirían una adoración más profunda, «en espíritu y en verdad» (Juan 4:23-24), una adoración que superaría a la del templo en Jerusalén (¡el verdadero templo!), una adoración en que el agua que calmaría la sed sería el propio Jesús.

Este pasaje debería ser recordado por tantos que han convertido la construcción de un templo en la meta privilegiada de la actividad espiritual —los ejemplos son más que numerosos a lo largo de los siglos— porque su conducta no encaja con la visión de Dios. Lo que Dios busca de aquellos que verdaderamente desean adorarlo no es que conviertan un lugar en un sitio especialmente sagrado, ni tampoco que proporcionen una acentuada sacralidad a este u otro templo. Dios desea una adoración que sea espiritual y verdadera, y es lógico que así suceda porque es Espíritu y porque además es verdad. En otras palabras, la única adoración digna de Dios es aquella que reproduce el carácter de Dios y no la que, simplemente, se amolda a los gustos de los hombres casi siempre arrastrados por la idea de una falsa grandeza más material que espiritual. Que Jesús excluyera de esa adoración en espíritu y verdad a lo que sucedía en el templo de Jerusalén, construido de acuerdo con las instrucciones de Dios, lejos de ser revolucionario e innovador implicaba sacar las plenas consecuencias de las enseñanzas contenidas en las Escrituras. El mismo Salomón, constructor del primer templo de Jerusalén, había manifestado su escepticismo ante la idea de que el Dios al que no podían contener los cielos de los cielos pudiera verse contenido en la casa que acababa de construir (1 Rey. 8:27; 2 Crón. 2:6; 6:18). El profeta Isaías había transmitido el mensaje de YHVH que indicaba que nadie puede edificar una casa a un ser que tiene como trono el cielo y la tierra como escabel de Sus pies (Isa. 66:1). Jesús profundizaba en esas enseñanzas yendo mucho más lejos. ¿Cómo hubiera podido ser de otra manera si Dios es, por definición, Espíritu y verdad? En esa indescriptible realidad se encerraba además un mensaje de enorme trascendencia. Dios no era nacionalista. No se consideraba limitado por Su pacto con Israel. Por el contrario, Sus adoradores verdaderos vendrían incluso de trasfondos heréticos como el samaritano.

No puede sorprender que la mujer se quedara abrumada no solo por la enseñanza de Jesús, sino además por la manera en que manifestó conocer su vida íntima nada ejemplar (Juan 4:16-18) y por el autorreconocimiento de que Él era el Redentor ansiado por los herejes samaritanos. Éstos andaban esperando a un personaje al que llamaban el *taheb* (el que regresa o el restaurador)[6] al que identificaban con una especie de Moisés redivivo. Partiendo de la cita contenida en Deuteronomio 18:15 y ss., se afirmaba entre los samaritanos que el *taheb* realizaría milagros, restauraría la ley y la adoración verdadera, y llevaría el conocimiento de Dios a

---

6. A. Merx, *Der Messias oder Ta'eb der Samaritaner*, Tubinga, 1909; J. Mac-Donald, *The Theology of the Samaritans*, Londres, 1964, págs. 81 y ss.; 280, 351, 362-371 y 394.

otras naciones. Esta visión es precisamente la que subyace en el encuentro de Jesús con la samaritana narrado en Juan 4:19,25. La esperanza de los samaritanos tendría su cumplimiento en Jesús y así quedaba indicado que entrar en el grupo de los verdaderos adoradores sería una circunstancia que quedaría abierta incluso a los pueblos odiados —como era el caso de los samaritanos— por Israel.

Resulta totalmente lógico que Juan sitúe ambos relatos —el referido a Nicodemo y a la samaritana— en sucesión. Ambos eran descripciones de conversaciones privadas de Jesús; ambos mostraban a Jesús como el agua; ambos se referían a la situación actual de Israel; ambos apuntaban a una realidad más profunda que no negaba sino que consumaba la presente; ambos insistían en una adoración en espíritu y verdad diferente a la que había llevado a Israel a su ruina en el pasado y ambos apuntaban a que esa corriente de bendiciones Dios la derramaría sobre Israel y sobre las naciones a través de Jesús, el Mesías esperado. Ante ese anuncio, la única conducta lógica, sensata y cabal era responder de manera afirmativa.

¿QUÉ ENSEÑÓ JESÚS SOBRE SÍ MISMO?

Como hemos visto en las páginas anteriores, el mensaje de Jesús subrayó la situación universal de perdición del género humano, la imposibilidad de salir de esa lamentable situación a través de las obras, los ritos, las ceremonias o la religión y la posibilidad de salir de ese estado terrible mediante la fe en Él. Naturalmente, el hecho de que Jesús se colocara en el centro del camino de salvación obliga a preguntarse quién dijo Jesús que era. He abordado ese tema con amplitud en mi libro *Más que un rabino*, donde —el mismo título lo indica— queda de manifiesto que Jesús no se vio como un simple rabino y que tampoco lo vieron así Sus contemporáneos. Que Jesús era más, mucho más que un rabino, fue un extremo que quedó establecido vez tras vez. No se trataba solo de que Su autoridad no era como la de los escribas y fariseos (Mat. 7:28-29). No se trataba solo de que se arrogaba la autoridad para perdonar pecados, algo que solo Dios puede hacer (Luc. 5:17-26). Se trataba de que además no había ocultado que era alguien superior a los profetas y al templo. Así lo dejó manifiestamente claro en una de Sus controversias con los fariseos:

Entonces respondieron algunos de los escribas y de los fariseos: «Maestro, deseamos ver una señal procedente de ti». Él les dijo en respuesta: «La generación mala y adúltera exige una señal, pero no se le dará señal salvo la señal del profeta Jonás. Porque al igual que estuvo Jonás en el vientre del gran pez tres días y tres noches, así estará el Hijo del Hombre en el corazón de la tierra tres días y tres noches. Los hombres de Nínive se levantarán en el juicio junto a esta

generación y la condenarán porque ellos se arrepintieron con la predicación de Jonás y he aquí hay más que Jonás en este lugar. La reina del Sur se levantará en el juicio junto a esta generación y la condenará porque ella vino de los confines de la tierra para escuchar la sabiduría de Salomón, y he aquí hay más que Salomón en este lugar».
(Mat. 12:38-42; Luc. 11:29-32)

Jesús no era un simple maestro de moral ni otro rabino más. Era alguien que estaba por encima de los profetas y del propio templo. Aún y con eso —y, ciertamente, no era poco— Jesús insistía en que era todavía más y así lo dejaría de manifiesto en las afirmaciones que formuló sobre sí mismo.

No deja de llamar la atención que en el episodio trascendental de Cesarea de Filipo, Jesús reconociera que era el Mesías y el Hijo de Dios, pero prefiriera valerse de una designación que utilizó por encima de otras para referirse a sí mismo. Nos referimos a la de Hijo del Hombre. En unas ocasiones, Jesús la unió a otros títulos como al de Siervo de YHVH (Mar. 10:45). En otras, la usó de manera independiente (Mat. 8:20 y Luc. 9:58; Mat. 9:6, Mar. 2:10 y Luc. 5:24; Mat. 12:8, Mar. 2:28 y Luc. 6:5; Mat. 16:27; Mat. 25:31; etc.). Ahora bien, ¿qué implicaba este título?

Como señaló el rabino judío Leo Baeck, «siempre que en obras posteriores se menciona "ese Hijo de Hombre", "este Hijo de Hombre" o "el Hijo del Hombre" es la cita de Daniel la que está hablando».[1] Esa «cita de Daniel» se refiere a que el título «Hijo del Hombre» aparece, en realidad, por primera vez en Daniel 7:13. Es común que algunos autores interpreten al personaje como un símbolo del pueblo de Israel. En otras palabras, el profeta Daniel estaría hablando de cómo Dios (el Anciano de días) entregaría el dominio a Israel y la predicación cristiana —iniciándose quizás con Jesús— estaría negando y tergiversando este hecho. Semejante interpretación, a pesar de lo extendida que está, resulta insostenible y además choca con lo que encontramos en las fuentes judías. Ha sido mérito precisamente de un autor judío, Daniel Boyarin[2] recordar aspectos que se desprenden de la

---

1. Leo Baeck, *Judaism and Christianity: Essays*, Filadelfia, 1958, págs. 28-29.
2. D. Boyarin, *The Jewish Gospels*, págs. 25 y ss.

simple lectura del texto desprovista de prejuicios. Así, las características del Hijo del Hombre en Daniel 7 son:

Es divino.
Existe en forma humana.
Puede ser bien retratado como una Deidad más joven que aparece al lado del Anciano de días.
Será entronizado en alto.
Se le da poder y dominio e incluso la soberanía sobre la tierra.[3]

En otras palabras, el Hijo del Hombre no solo no es Israel sino que es un ser que supera lo meramente humano, entrando en la categoría de lo divino. Como ha señalado J. A. Emerton, «el acto de venir con las nubes sugiere una teofanía del mismo Yahwe»[4] y hubiera podido añadir: como sabe cualquiera que conozca el Antiguo Testamento.

Ese Hijo del Hombre —humano y divino a la vez— aparece en las fuentes judías unido con la idea del Mesías, del Siervo de YHVH y del Hijo de Dios. He citado estas fuentes judías con extensión en *Más que un rabino*, pero puede señalarse aquí que fuentes judías como el Enoc etíope o 4 Esdras identifican al «Hijo del Hombre» con el Mesías. En 4 Esdras, el «Hijo del Hombre» se manifiesta volando con las nubes del cielo (4 Esdras 13:3), aniquila al enemigo con el hálito de su boca (4 Esdras 13:8 y ss., pasaje que recoge además resonancias mesiánicas de Isaías 11:4) y reúne a una multitud pacífica (4 Esdras 13:12-13). Este «Hijo del Hombre» es «aquel al que el Altísimo ha estado guardando durante muchos tiempos, el que salvará personalmente Su creación» (4 Esdras 13:26), aquel al que Dios llama «mi Hijo» (4 Esdras 13:32,37,52) y vencerá a los enemigos de Dios (4 Esdras 13:33 y ss.). Asimismo, el «Hijo del Hombre» es identificado con el Siervo isaíano de Dios (13:32-37; 14:9), al que se preserva (13:26 con Isa. 49:2).

No deja de ser, ciertamente, significativo que todos estos pasajes anteriores a Jesús y al cristianismo contengan ya una

---

3. D. Boyarin, *Oc*, 33.
4. J. A. Emerton, "The Origin of the Son of Man Imaginery" en *Journal of Theological Studies 9*, 1958, págs. 231-232.

visión del Hijo del Hombre que luego encontramos en Jesús
y en Sus discípulos. El Hijo del Hombre no es ni lejanamente
un símbolo de Israel. Por el contrario, es un personaje descrito
como el Siervo de YHVH, el Mesías y el Hijo de Dios a partir
del propio texto de Daniel 7.

Esta identificación del «Hijo del Hombre» con el Mesías
va más allá del judaísmo de la literatura apocalíptica. Daniel 7
fue interpretado ciertamente como un pasaje mesiánico por los
rabinos. Así, en el Talmud (Sanh 98a) se considera el texto de
Daniel 7:13 como una referencia al Mesías que, de haberse por-
tado Israel dignamente, habría venido en las nubes del cielo;
mientras que, en caso contrario, estaría obligado a venir humilde
y cabalgando en un asno (ver Zac. 9:9 con Mar. 11:1 y ss.). De
manera similar, Daniel 7:9 fue interpretado como una referencia
al trono de Dios y al del Mesías por rabí Aquiba (Hag. 14a) y
Daniel 7:27 es entendido en Números Rab. 11 como relativo a
los tiempos del Mesías.

Insistamos en ello: el «Hijo del Hombre» no designaba a
Israel, sino al Mesías. Sin embargo, no se trataba de cualquier
concepción del Mesías, sino de un Mesías descrito según los
cantos isaíanos del Siervo. Sus características eran divinas —a
decir verdad, las propias de YHVH— y recibiría el poder de
Dios para concluir la historia atrayendo hacia sí no solo a los
judíos, sino también a los gentiles. Esa visión judía no solo fue
la que Jesús se aplicó, sino que también tuvo un papel esencial en
Su condena a muerte por el Sanedrín por el delito de blasfemia.

Lejos de manifestarse como un simple rabino o un maestro
de moral, Jesús se presentaba como el Hijo del Hombre, un
ser de origen celestial que manifestaba características propias
de solo YHVH, que impondría la justicia en el mundo y que
era identificado con el Mesías, pero en Su forma del Siervo de
YHVH. Así, en Marcos 10:45, se nos narra cómo Jesús vin-
culó para definirse y explicar Su misión los títulos de «Siervo»
e «Hijo del Hombre». Al comportarse de esa manera, Jesús se
aplicaba una visión bien establecida en el judaísmo. De hecho,
el *Ebed YHVH* (Siervo de YHVH) es mencionado con especial
relevancia en los denominados «Cantos» contenidos en el libro
del profeta Isaías (42:1-4; 49:1-7; 50:4-11; 52:13–53:12). Una

lectura de los pasajes nos permitirá captar las dimensiones reales del citado personaje:

> Aquí está mi siervo. Yo lo sostendré. Mi escogido, en quien se complace mi alma. Sobre Él he puesto mi Espíritu. Él traerá justicia a las naciones. No gritará ni levantará la voz, ni la hará oír en las calles. No quebrará la caña cascada, ni extinguirá el pábilo que humea. Traerá la justicia por medio de la verdad. No se cansará ni desmayará, antes de establecer la justicia en la tierra; y las costas esperarán su ley.
> (Isa. 42:1-4)

> Poco es para mí que tú seas mi Siervo para levantar las tribus de Jacob, y para que restaures el remanente de Israel. También te he dado por luz a las naciones, para que seas mi salvación hasta los confines de la tierra.
> (Isa. 49:6)

> ¿Quién ha creído en nuestro anuncio y sobre quién se ha manifestado el brazo de YHVH? Subirá cual renuevo ante Él, y como una raíz que brota en tierra seca. No existe en Él atractivo ni belleza. Lo veremos, pero no con atractivo suficiente como para que lo deseemos. Despreciado y desechado por los hombres, Hombre de dolores, que experimentará sufrimiento. Fue despreciado cuando escondimos nuestro rostro de Él y no lo apreciamos. En verdad llevó Él nuestras enfermedades y sufrió nuestras dolencias; y nosotros pensamos que era azotado, herido por Dios y abatido. Pero lo cierto es que fue herido por nuestras rebeliones, aplastado por nuestros pecados. El castigo que produciría nuestra paz estuvo sobre Él y fuimos curados por su llaga. Todos nosotros nos descarriamos como ovejas. Cada uno por su camino. Pero YHVH cargó el pecado de todos nosotros sobre Él. Aunque sufría angustia y aflicción, no abrió la boca. Fue llevado al matadero como un cordero. Como una oveja que se halla ante los que la trasquilan, quedó mudo, sin abrir la boca. Fue quitado por juicio y prisión. ¿Quién contará Su generación? Porque fue arrancado de la tierra de los seres vivos, y fue herido por la rebelión de mi pueblo. Y se pensó en sepultarlo con los impíos, pero, una vez muerto, estuvo entre ricos. Aunque nunca hizo mal, ni en Su boca existió engaño. Pese a todo, YHVH quiso quebrantarlo, sometiéndolo a sufrimiento. Después de poner Su vida en expiación por el pecado, verá a Su descendencia, vivirá largos días, y la voluntad de YHVH será prosperada en Él. Tras la aflicción de su alma, verá la

vida,[5] y quedará satisfecho. Mediante Su conocimiento justificará mi siervo a muchos, y llevará sus pecados.
(Isa. 53:1-11)

Los pasajes anteriores, escritos varios siglos antes de Jesús se refieren a un personaje cuyas características aparecen bien perfiladas. Por un lado, restauraría al Israel extraviado (y por ello no puede ser identificado con Israel o el pueblo judío); por otro, Su misión incluiría también la salvación de los no judíos. Además traería una nueva Ley. Aunque daría la sensación de que era ejecutado por Dios, en realidad, estaría muriendo expiatoriamente por los pecados de Israel. No se opondría a que lo ejecutaran y, aunque debería ser sepultado con criminales, lo cierto es que Su cuerpo acabaría en tumba de ricos. Su muerte, sin embargo, no sería el final de la historia. Tras expiar con ella el pecado, «vería luz», es decir, volvería a la vida, resucitaría, y serviría de salvación a muchos.

Este Siervo, cuya muerte tenía un significado sacrificial y expiatorio, ya había sido identificado con el Mesías antes del nacimiento de Jesús y se había afirmado incluso que Su muerte sería en favor de los impíos. En el Enoc etíope, por ejemplo, el «Siervo» aparece identificado con la figura del «Hijo del Hombre» (13:32-37; 14:9; 13:26 con Isa. 49:2), al que se describe en términos mesiánicos tomados de los Cantos del Siervo: «luz de las naciones» (48:4 con Isa. 42:6), «elegido» (40:5 con Isa. 42:1), «justo» (38:2; 53:6 con Isa. 53:11), poseedor de un nombre pronunciado antes de la creación «en presencia del Señor de los espíritus» (48:3 con Isa. 49:1), «oculto ante Dios» (48:6 y 62:7 con Isa. 49:2), «vencedor de los poderosos» (46:4; 62:1 con Isa. 49:7; 52:13-15), etc.

En la literatura rabínica, el Siervo de Isaías 42 fue identificado con el Mesías por el Targum de Isaías al igual que por el Midrash sobre el Salmo 2 y Yalkut II, 104. El Targum veía también en el Siervo de Isaías 43:10 a «mi Siervo el Mesías».

Algo similar sucede con el Siervo de Isaías 49 que es identificado con el Mesías en repetidas ocasiones. Por ejemplo,

---

5. Literalmente «luz», según el rollo de Isaías de Qumrán y los LXX.

Isaías 49:23 es conectado con el Mesías en Levítico R. 27 y en el Midrash del Salmo 2:2.

A pesar de que en la actualidad existe una insistencia en identificar al Siervo de Isaías 53 con Israel, lo cierto es que esa interpretación es muy tardía —posiblemente no anterior al siglo XI d. C. —y, desde luego, no es la que existía en la época de Jesús. De hecho, el canto de Isaías 52:13–53:12 tiene también claras resonancias mesiánicas en la literatura judía. Isaías 52:3 es citado como un texto mesiánico en el Talmud (Sanh 97b). Isaías 52:7 es considerado mesiánico por Yalkut II, 53c. Isaías 52:8 es citado como un pasaje referido al Mesías por Midrash sobre Lamentaciones, tal y como mencionamos antes. Isaías 52:12 es aplicado al Mesías en Éxodo R. 15 y 19.

El Targum de Jonatán ben Uziel vierte Isaías 52:13 de la siguiente manera:

> Mira, mi Siervo el Mesías prosperará. Será elevado y crecerá y resultará impresionantemente fuerte.

En Yalkut Shim II, 53c, no solo se le da también una interpretación mesiánica, sino que además se habla expresamente de los sufrimientos del Rey Mesías. Isaías 53 es conectado de manera específica con el Mesías en el Targum. No fue esa, sin embargo, una postura generalizada. Así, Isaías 53:5 se conecta con el Mesías en Midrash sobre Samuel y se hace referencia específica a los sufrimientos del Mesías. Este mismo punto de vista aparece reflejado en el Talmud (Sanh 98b) —recopilado en el siglo VI d. C. —donde Isaías 53 es interpretado también mesiánicamente:

> El mesías —¿cuál es su nombre? [...] Los de la casa de Rabbi dicen, «el enfermo», según se dice, «seguramente ha llevado nuestras enfermedades».

De manera semejante el Midrash sobre Rut 2:14, refiere este pasaje a los sufrimientos del Mesías, afirmando:

> Está hablando del Rey mesías: «Ven, acércate al trono y come el pan», ese es el pan del reino, «y moja tu bocado en vinagre». Esto se refiere

a sus sufrimientos, según se dice: «Pero él fue herido por nuestras transgresiones, golpeado por nuestras iniquidades».

Encontramos una referencia parecida en la Pesiqta Rabbati 36. Aún más relevante es una oración atribuida a Eliezer Ha-Kallir (siglo VIII d. C.) relacionada con la liturgia judía para el Día de la Expiación o Yom Kippur, que se recoge en algunos *sidurim* (libros judíos de oración) y que dice así:

> ¡Estamos encogidos en nuestra miseria hasta ahora mismo! Nuestra roca no ha venido a nosotros. El Mesías, nuestra justicia, se ha apartado de nosotros. Estamos aterrados. ¡Y no hay nadie que nos justifique! Nuestras iniquidades y el yugo de nuestras transgresiones llevará, *porque él fue herido por nuestras transgresiones*: llevará nuestros pecados sobre su hombro para que podamos encontrar perdón para nuestras iniquidades, y *por sus heridas somos sanados*. ¡Oh, Eterno, ha llegado el tiempo para hacer una nueva creación, desde la bóveda del cielo tráelo, desde Seir sácalo para que pueda hacer oír su voz para nosotros en el Líbano, una segunda vez por la mano de Yinnon.[6]

Sobrecoge percatarse de que los judíos —al menos el autor de la oración— sabían que el Mesías había venido, que había muerto tal y como había profetizado Isaías sobre el Siervo y que había que esperarlo una segunda vez.

A pesar de la controversia entre el judaísmo y el cristianismo posteriores, esa tradición que veía al Siervo de YHVH descrito por Isaías como el Mesías se siguió preservando en ciertos sectores del judaísmo durante la Edad Media. Tanto Rashi (en su comentario a Sanh 93) como R. Moshe Cohen Iben Crispin, R. Elías de Vidas, Alsec o Isaac Abrabanel eran conscientes de que el pasaje de Isaías 53 había sido interpretado tradicionalmente como mesiánico aunque manifestaron su oposición a sostener la interpretación histórica. En el calor de la controversia teológica con el cristianismo, el judaísmo fue abandonando de manera creciente la interpretación primitiva. Precisamente el rabino José Ben Kaspi (1280-1340 d. C.) advirtió a otros rabinos de que «aquellos que exponían esta sección relacionándola con el Mesías dan ocasión

---

6. Driver y Neubauer, pág. 445.

a los herejes [cristianos] para interpretarla en relación con Jesús». Sobre esa afirmación, Rabbi Saadia ibn Danan señaló: «Que Dios lo perdone por no haber hablado la verdad».[7] De hecho, el cambio de interpretación comenzó a extenderse en torno al 1096 d. C., lo que algunos autores han conectado con el drama sangriento que significaron las Cruzadas para los judíos.[8] Sin embargo, el cambio se encontró con resistencias porque implicaba sustituir una interpretación de milenios por otra novedosa motivada por el sentimiento anticristiano de los rabinos. Al respecto, es significativo que el Rabbi Moshe Kohen ibn Crispin (siglo XIII d. C.) se quejara amargamente de los que interpretaban Isaías 53 como una referencia a Israel violentaban el sentido real del texto y su verdadero significado «habiéndose inclinado ante la terquedad de sus propios corazones y de su propia opinión. Me complace interpretar la Parasha (pasaje) de acuerdo con la enseñanza de nuestros rabinos sobre el Rey Mesías [...] y adherirme al sentido literal. Así me veré libre de las interpretaciones forzadas y descabelladas de las que otros son culpables».[9]

Isaías 53 fue excluido de las lecturas sinagogales ya que podría haber judíos que vieran con claridad la manera en que sus profecías se correspondían con la muerte de Jesús. Sin duda, muy pocas veces a lo largo de la historia un texto ha sido tan perseguido para evitar que arroje su luz. Se trató de un triunfo a medias porque Rabbi Moshe Kohen ibn Krispin escribiendo en el siglo XIII afirmó sobre Isaías 53:

> Esta profecía fue entregada por Isaías siguiendo el mandato divino con el propósito de hacer que conociéramos algo sobre la naturaleza del futuro Mesías, que va a venir y a libertar a Israel [...] de tal manera que si alguien se alzara clamando que es el Mesías, podamos reflexionar y contemplarlo para ver si podemos observar en él cualquier semejanza con los rasgos descritos aquí: si existe semejanza, entonces podemos creer que Él es el Mesías Nuestra Justicia, pero si no, no podemos hacerlo.[10]

---

7. S. R. Driver y Adolf Neubauer, *The Suffering Servant of Isaiah*, pág. 203.
8. En ese sentido, V. Buksbazen, *Oc*, pág. 402.
9. S. R. Driver y A. Neubauer, *Oc*, pág. 199 y ss.
10. Driver y Neubauer, *Oc*, pág. 114.

La idea de un Mesías-Siervo que cumplía las profecías de Isaías no fue, desde luego, inventada por los primeros cristianos para dar explicación a la crucifixión de Jesús y tampoco debía nada al mundo gentil. Por el contrario, era medularmente judía como se desprende de las fuentes a las que nos hemos referido. Durante siglos, antes y después de Jesús, los judíos supieron que el Siervo de Isaías 53 era el Mesías. Solo en la Edad Media comenzó a predominar la interpretación que identificaba al Siervo con Israel, pero no fue sin resistencia de rabinos que consideraban que esa conducta implicaba torcer las Escrituras de manera disparatada.

Esa controversia estuvo situada a siglos de distancia de Jesús quien afirmó claramente que era el Hijo del Hombre, pero también el Siervo de YHVH, el verdadero Mesías. Ese anuncio de Jesús como Hijo del Hombre que vino a servir y a dar Su vida en rescate por muchos (Mar. 10:45) explica a la perfección por qué en Su mensaje de salvación aparecía en el centro. El ser humano no puede salvarse por sus medios, obras, ceremonias ni religiones. El único camino de salvación pasa por creer en Jesús, pero esto es posible porque Jesús, como Mesías no militar ni nacionalista, sino bíblico, era el Hijo del Hombre y el Siervo de YHVH. Moriría en expiación por los pecados de la multitud para abrirles el camino hacia la salvación, una salvación que obtendrían creyendo en Él.

¿QUÉ PASÓ FINALMENTE CON JESÚS?

Que alguien como Jesús se presentara como el Mesías Hijo del Hombre-Siervo de YHVH, que además llamara «papá» al Dios único y verdadero, que dijera que la religión no salvaba al ser humano, sino la fe en Él y que además uniera a estas tremendas afirmaciones la liberación de endemoniados y la curación de enfermos, obligatoriamente tenía que provocar reacciones. Esas reacciones fueron, en algunos casos, de conversión, abandonando la vida anterior y siguiendo a Jesús. En otros, se desató un optimismo quizás no del todo consciente de lo que Jesús enseñaba, como cuando entró el Domingo de Ramos en Jerusalén en vísperas de la Pascua. Finalmente, no faltaron los que vieron en Jesús un peligro para el *statu quo*, un peligro tan grande que la única salida que vieron fue matarlo. La idea partió de las autoridades religiosas del templo de Jerusalén (Juan 11:45-57) inmediatamente después de que circulara la noticia de que Jesús había resucitado a Su amigo Lázaro que llevaba ya varios días muerto. Las autoridades judías del templo procedieron a arrestar a Jesús con la intención de juzgarlo, condenarlo y ejecutarlo. Efectivamente, dictaron una sentencia condenatoria en el momento en que Jesús afirmó ante el Sanedrín que era el Hijo del Hombre. Sin embargo, darle muerte estaba fuera de su autoridad y tuvieron que recurrir al gobernador romano para que dictara una sentencia de muerte que, al estilo romano, debía cumplirse en el horrible suplicio de la cruz. El romano Pilato captó que Jesús era inocente de cualquier delito y que las autoridades del templo actuaban por motivos bajos. Sin embargo, al final, el gobernador cedió a las presiones del Sanedrín y ordenó que Jesús fuera crucificado.

Al inicio del *shabbat* de aquella semana de Pascua del año 30 d. C., apenas depositado el cadáver de Jesús en el sepulcro, el panorama resultaba innegable. Cualquiera que hubiera observado lo sucedido aquel viernes de Pascua en Jerusalén no hubiera albergado duda alguna de que la historia de Jesús —y con Él, la de Sus seguidores— había concluido. Aquella muerte había sido tan vergonzosa, tan repugnante, tan horrible que resultaba imposible conectarla con la gloriosa salvación de Dios.

A decir verdad, las autoridades del templo —y sus aliados entre los judíos— podían respirar tranquilas porque el peligro que representaba Jesús estaba conjurado. Todo había terminado. Sin duda, los que vivían aquella situación como un verdadero trauma fueron los discípulos. Como señalarían dos de los seguidores de Jesús empleando términos medularmente judíos, «nosotros esperábamos que era Él quien había de redimir a Israel y ahora ha sucedido todo esto» (Luc. 24:21). Habían esperado, pero, en lugar del triunfo, se habían encontrado con la peor ejecución imaginable, con el peor final previsible, con la peor de las desilusiones.

No puede extrañar a nadie que, de manera bien fácil de comprender, los seguidores más próximos de Jesús corrieran a ocultarse por temor a algún tipo de represalia. A fin de cuentas, ¿qué garantizaba que, tras la terrible muerte de su maestro, las autoridades del templo y el ocupante romano no continuaran la represión con ellos?

Así, al fin y a la postre, solo aquellas mujeres que habían acudido a sepultar a Jesús la tarde del viernes antes de que diera inicio el shabbat (Mat. 27:61-66; Mar. 15:47; Luc. 21:55-56) fueron ahora a terminar las honras fúnebres. Al concluir el día de descanso prescrito por la Torah, María Magdalena, María de Jacobo y Salomé compraron algunas hierbas aromáticas con la intención de ir a ungir al difunto aquel mismo domingo (Mar. 16:1). Sin embargo, cuando, muy de mañana, llegaron al sepulcro, las mujeres descubrieron que la roca que lo cubría había sido corrida y que el interior se hallaba vacío (Mar. 16:2; Luc. 24:1; Juan 20:1). Asombradas por aquella eventualidad, entraron en la tumba para encontrarse con un varón que les ocasionó un profundo temor (Mat. 28:5-6; Mar. 16:6; Luc. 24:3-6) y que les anunció que no debían buscar entre los muertos a Jesús porque se había levantado tal y como había anunciado cuando aún se encontraban en Galilea (Mat. 28:7; Mar. 16:7; Luc. 24:6).

El anuncio no dejaba de ser revelador. Cierto, Jesús había muerto de acuerdo con Sus repetidos anuncios, pero también, como había predicho, se había levantado. No puede causar sorpresa que aquellas mujeres sintieran miedo —estupor sería una palabra más adecuada para describir la sensación que las embargaba— y que corrieran a contar a los discípulos lo que acababan de presenciar. La tumba estaba vacía, pero en su interior habían sido informadas de que Jesús no estaba entre los muertos, sino que se había levantado.

La reacción de los discípulos fue absolutamente lógica. No creyeron a las mujeres e incluso pensaron que lo que acababan de decirles era una locura (Luc. 24:10-11). Solo Pedro (Luc. 24:12) y el discípulo amado (Juan 20:2-10) decidieron llegar hasta la tumba para indagar lo que podía haber sucedido. Juan es más detallado en su descripción que Lucas, pero ambos coinciden en un hecho bien revelador: Pedro quedó abrumado al descubrir la tumba vacía, pero no creyó por eso en la resurrección de Jesús. Más bien se vio sumido en un profundo y comprensible estupor. El discípulo amado —que no entró en el lugar donde fue depositado el cuerpo de Jesús, aunque sí contempló los lienzos vacíos y el sudario aparte— sí creyó. Es cierto que no relacionó lo que tenía ante la vista con lo contenido en las Escrituras, pero quedó convencido de que, realmente, Jesús se había levantado de entre los muertos. Sin embargo, el descubrimiento de la tumba vacía fue solo el principio de una serie prodigiosa de acontecimientos que se desarrollarían en las horas siguientes.

Tras informar infructuosamente a los discípulos, María Magdalena regresó al sepulcro. No pensaba en encontrar a Jesús sino, por el contrario, en recuperar el cadáver. De hecho, Juan indica que el temor de María Magdalena —¿puede sorprender?— era que se hubieran llevado el cuerpo. Lo que quería saber era dónde se encontraba (Juan 20:13). De hecho, cuando una figura masculina se dirigió a ella y le preguntó por qué lloraba y a quién buscaba, la respuesta de María Magdalena fue la misma. A decir verdad, incluso creyó que el encargado de cuidar

el huerto era quien le hablaba y se apresuró a comunicarle que
si era él quien se había llevado el cuerpo, le rogaba que le dijera
dónde lo había depositado para hacerse cargo ella del cadáver
(Juan 20:15). María Magdalena pudo ser entonces un remolino
de encontrados sentimientos, pero entre ellos no se encontraba
el de esperar a Jesús resucitado. De hecho, solo cuando el recién
llegado la llamó por su nombre, María Magdalena se dio cuenta
de que ante ella estaba Jesús (Juan 20:16). La escena —como
tantas otras veces en la fuente joanea— rezuma autenticidad.
María Magdalena no esperaba que Jesús resucitara. Lo daba por
irremisiblemente muerto y tan solo deseaba encontrar quién y
adónde se había llevado el cadáver para poder atenderlo debida-
mente. Sumida en la oscuridad, con los ojos llenos de lágrimas,
sin esperar en absoluto ver a Jesús vivo, hundida en el pesar,
no captó quién se dirigía a ella hasta el momento en que pro-
nunció su nombre. Antaño Jesús había señalado que Sus ovejas
conocían Su voz (Juan 10:4) y aquellas palabras quedaron veri-
ficadas en el caso de la mujer. Sin embargo, María Magdalena
no aceptó totalmente lo que se presentaba ante sus ojos. De
hecho, su reacción fue entonces la de comenzar a palparlo —la
orden de Jesús en Juan 20:17 no es de «no me toques» sino
de «deja de tocarme»— para asegurarse de que lo que estaba
sucediendo ante sus ojos era real. Es más que posible que esa
conducta hubiera durado más de no ser porque Jesús le dijo
que era imperativo que fuera a anunciar a sus hermanos lo que
había visto (Juan 20:18).

En apenas unas horas posteriores a la aparición ante María
Magdalena (Mar. 16:9-11; Juan 20:11-18) siguieron otras que
tuvieron como testigos a las otras mujeres (Mat. 28:8-10) y a
dos discípulos que iban camino de Emaús. De esta última con-
tamos con dos relatos. Uno —muy breve— aparece recogido en
la fuente marcana (Mar. 16:12-13) y otro, más desarrollado, ha
sido transmitido por la fuente lucana (Luc. 24:13-35). Contra lo
que pueda pensarse, es más que posible que el relato más antiguo
sea el de Lucas y que, en realidad, Marcos constituya un breve
sumario comprensible por lo ya conocido del episodio. Merece
la pena repasar lo relatado por Lucas:

Y he aquí, ese mismo día, dos de ellos iban a una aldea llamada Emaús que estaba a sesenta estadios de Jerusalén. E iban conversando sobre todas aquellas cosas que habían sucedido. Aconteció que mientras estaban hablando y discutiendo, Jesús mismo se acercó y se puso a caminar con ellos. Sin embargo, los ojos de ellos estaban velados para que no lo conociesen. Y les dijo: «¿Qué conversaciones son éstas que mantenéis mientras vais de camino y por qué estáis apesadumbrados?». Respondiendo uno de ellos, de nombre Cleofas, le dijo: «¿Eres tú el único forastero en Jerusalén que no se ha enterado de lo que ha sucedido en ella durante estos días?». Entonces Él les dijo: «¿El qué?». Y ellos le dijeron: «Lo sucedido con Jesús de Nazareth, que fue un hombre profeta, poderoso en obra y en palabra delante de Dios y de todo el pueblo y cómo lo entregaron a la condena a muerte los principales sacerdotes y nuestros gobernantes y lo crucificaron. Pero nosotros esperábamos que era él quien había de redimir a Israel y ahora, además de todo esto, hoy hace tres días desde que sucedió. Sin embargo, también nos han dejado estupefactos unas mujeres de las que se encuentran entre nosotros, que antes de amanecer, acudieron al sepulcro y como no encontraron su cuerpo, vinieron diciendo que también habían contemplado una visión de ángeles que les dijeron que está vivo. Y algunos de los nuestros fueron al sepulcro y se encontraron exactamente con lo que habían dicho las mujeres aunque a él no lo vieron». Entonces Él les dijo: «¡Oh necios y lentos de corazón para creer todo lo que los profetas han dicho! ¿Acaso no era necesario que el Mesías sufriera estas cosas y entrara en Su gloria?». Y comenzando desde Moisés y siguiendo por todos los profetas, les fue mostrando a partir de todas las Escrituras lo que decían de Él. Llegaron a la aldea adonde se dirigían y Él hizo como si fuera a seguir Su camino. Pero ellos lo obligaron a quedarse, diciendo: «Quédate con nosotros porque se hace tarde y el día ya ha comenzado a caer». Así que entró a quedarse con ellos. Y sucedió que, cuando estaba sentado a la mesa, con ellos, tomó el pan y lo bendijo, lo partió y les dio. Entonces les fueron abiertos los ojos y lo reconocieron, pero Él se desapareció de su vista. Y se decían el uno al otro: «¿Acaso no ardía nuestro corazón en nuestro interior mientras nos hablaba por el camino y cuando nos abría las Escrituras?». Y levantándose en esa misma hora, regresaron a Jerusalén y encontraron reunidos a los once y a los que estaban con ellos que decían: «Ha resucitado el Señor en verdad y se ha aparecido a Simón». Entonces ellos comenzaron a contar las cosas que les habían sucedido por el camino y cómo lo habían reconocido cuando partió el pan.

(Luc. 24:13-35)

El episodio recogido en la fuente lucana una vez más transpira la autenticidad propia de un testigo ocular. Como tantos otros, los dos discípulos que se encontraban en el camino de Emaús eran presa de la desilusión y del estupor. Como tantos otros, habían esperado que Jesús los liberara de la opresión y redimiera a Israel. Como tantos otros, se habían encontrado con los espantosos acontecimientos de Pascua durante la cual Jesús no solo no había sido reconocido como Redentor, sino que había sido rechazado por las autoridades espirituales de Israel y había terminado muriendo de una manera ignominiosa. Es cierto que algunas de las mujeres que seguían a Jesús habían afirmado que la tumba estaba vacía y que incluso habían contemplado ángeles, pero su testimonio no había convencido a nadie. De hecho, los que acudieron al sepulcro lo encontraron vacío, pero no habían visto a Jesús. En otras palabras, el sentimiento que abrigaban aquellos dos hombres no era el de que Jesús hubiera resucitado sino, por el contrario, una mezcla de frustración, ira y desesperanza. En absoluto creían que pudiera ser cierto lo que habían dicho las mujeres. Precisamente, en ese momento del encuentro, todo dio un vuelco. El hombre al que se habían encontrado en el camino comenzó a citarles las Escrituras para mostrarles que la muerte de Jesús no había sido un fracaso ni una deslegitimación. Por el contrario, era la confirmación contundente de que se trataba del Mesías.

Sin embargo, la experiencia no iba a detenerse ahí. La manera en que partió el pan, la manera en que desapareció de su vista, la manera en que comprendieron la enseñanza que acababan de recibir les mostró que Jesús se había levantado de entre los muertos y los impulsó a regresar a Jerusalén para compartir lo que les había sucedido. Fue entonces cuando descubrieron que también Simón había sido objeto de una de las apariciones del resucitado (Luc. 24:34; 1 Cor. 15:5).

En apenas unas horas de aquel día de domingo, todas las piezas comenzaron a encajar. Uno de los Cantos del Siervo contenidos en el libro del profeta Isaías había hablado de que el Mesías Sufriente, «tras haber puesto Su vida en expiación» (Isa. 53:10-11), volvería a vivir. Se trataba de una gozosa y esperanzada conclusión para un relato de sufrimiento y agonía cuyo protagonista era un judío fiel al qué buena parte de Su pueblo, descarriado en sus pecados, no comprendería e incluso lo habría considerado castigado por Dios, cuando lo único que sucedía era que moría expiatoriamente por sus pecados. La referencia era evidente y clara y, como ya tuvimos ocasión de ver, generación tras generación de judíos, antes, durante y después del ministerio de Jesús, interpretaron que el Siervo de YHVH no era otro ser que el Mesías. Acababa de quedar de manifiesto que aquellas profecías se habían cumplido.

En las primeras horas de la noche, los Once atravesaron la misma experiencia (Mar. 16:14; Luc. 24:36-43; Juan 20:19-25). Ya no serían mujeres las que afirmarían que Jesús resucitado había aparecido. Tampoco sería un discípulo que había creído al contemplar vacía la tumba. Ni siquiera sería el testimonio de Pedro que también tuvo una aparición de Jesús cuyos detalles desconocemos. Ahora, aquellos discípulos aterrados tuvieron la oportunidad de contemplar aquello en lo que no creían: Jesús no estaba muerto. Se había levantado.

Aproximadamente un par de décadas después, Pablo, otro personaje que vería a Jesús resucitado no porque lo esperaba, sino precisamente a pesar de no creer en Él, realizaría un sumario[1] de lo que fueron aquellos episodios que se extendieron todavía algunos días después del domingo de Pascua:

> Porque, en primer lugar, os he enseñado lo que así mismo recibí: que el Mesías murió por nuestros pecados conforme a las Escrituras; y que fue sepultado, y que resucitó al tercer día, conforme a las Escrituras; y que se apareció a Pedro y luego a los Doce. Después se apareció a más de quinientos hermanos a la vez, de los que muchos siguen vivos, aunque otros ya han muerto. Luego se apareció a Jacobo; más tarde a todos los apóstoles. Y el último de todos, como si fuera un aborto, se me apareció a mí.
> (1 Cor. 15:1-9).

El resumen de Pablo —que podía haber sido desmentido con facilidad dada la cercanía de los hechos que relataba— nos

---

1. Acerca de este pasaje, ver C. Vidal, *Pablo, el judío de Tarso*, Madrid, págs. 246-247.

permite tener constancia de las apariciones más importantes. Primero, a Pedro porque mencionar en primer lugar a las mujeres y, en especial, a María Magdalena habría resultado poco fiable ante un tribunal humano. Luego al resto de los apóstoles. Sabemos que esa circunstancia se repitió varias veces. Una sin Tomás el mismo domingo de resurrección (Mar. 16:14; Luc. 24:36-43; Juan 20:19-25) y otra una semana después con Tomás (Juan 20:26-31). Hubo igualmente una aparición más en el mar de Galilea a varios discípulos entre los que se encontraban Pedro y el discípulo amado (Juan 21). Otra a más de quinientas personas —la mencionada por Pablo— que podría ser la relatada brevemente por Mateo donde se consigna que algunos dudaron (Mat. 28:16-20). En algún momento, se apareció a Jacobo (Santiago), su hermano, con la consecuencia más que significativa de que pasó de no creer en Él a convertirse en uno de los personajes centrales de la comunidad de Jerusalén (Juan 7:5; Gál. 2:9). A todas estas habría que añadir otra más en Jerusalén donde Jesús instruyó a los discípulos (Luc. 24:44-49) y la final, también en la capital, en el Monte de los Olivos entre esta ciudad y Betania para despedirse de ellos antes de ascender al Padre y para anunciarles Su misión evangelizadora una vez más, así como la necesidad de esperar la llegada del Espíritu Santo en Jerusalén (Mar. 16:19-20; Luc. 24:50-53; Hech. 1:9-12). Por último, unos tres años después, Jesús volvería a aparecerse, esta vez a otro personaje que no creía en Él: el fariseo Saulo de Tarso llamado a convertirse en el apóstol Pablo.

Es obvio que no han faltado los autores que han negado la veracidad de estos datos atribuyéndolos a la imaginación —si es que no algo peor— que se daba cita en los autores de los evangelios. Sin embargo, reducir los datos de las fuentes a simple superchería, enfermedad mental o redacción de mitos resulta totalmente inaceptable desde la perspectiva de la investigación histórica. Para el historiador imparcial y desprovisto de prejuicio, desde luego, resultan obvios e innegables algunos hechos. En primer lugar, es innegable que el proceso y posterior muerte de Jesús, facilitados ambos, según las fuentes, por la acción de uno de Sus discípulos, asestaron, sin duda alguna, un enorme golpe emocional y espiritual a Sus seguidores. Parece establecido que en el momento de Su prendimiento, la práctica totalidad de los mismos optaron por ocultarse y que incluso uno de ellos, Pedro, renegó de Él repetida y públicamente para ponerse a salvo en una comprometida situación. Algunos días después de la ejecución las fuentes hacen referencia a que los discípulos se escondían en casas de conocidos por miedo a que la reacción que había causado la muerte de su maestro se extendiera a ellos también (Juan 20:19 y ss.). No esperaban que su maestro regresara de entre los muertos y, a buen seguro, estaban más que preocupados por no pasar a engrosar el número de los ejecutados por los poderes que operaban en Judea.

En segundo lugar, resulta no menos innegable que, en un espacio brevísimo de tiempo, se produjo un cambio radical en los seguidores de Jesús y la comunidad de fieles, con centro en Jerusalén, cobró unos bríos y una capacidad de expansión que, seguramente, no llegó a conocer ni siquiera en los días del ministerio de Jesús. El cambio fue, simple, lisa y llanamente, espectacular y ocasionaría un vuelco histórico cuyas consecuencias se perciben a día de hoy a casi dos mil años de distancia.

En tercer lugar —y, de nuevo, el hecho resulta innegable— la clave para entender la transformación total de los discípulos del ejecutado es referida en las fuentes neotestamentarias de manera unánime en relación con las apariciones de Jesús como resucitado de entre los muertos. La fuente, posiblemente, más antigua a la que ya nos hemos referido (1 Cor. 15:1 y ss.) hace referencia a apariciones, en ocasiones, colectivas (los apóstoles, más de quinientos hermanos) y, en ocasiones, individuales (Jacobo, Pedro y, con posterioridad, Pablo). Todas las fuentes coinciden en que la posibilidad de la resurrección fue rechazada inicialmente por los discípulos (Mat. 28:16-17; Mar. 16:11; Luc. 24:13 y ss.; Juan 20:24 y ss.), y en que solo el peso de las sucesivas apariciones de Jesús resucitado como realidad repetida los arrastró a cambiar de parecer.

En cuarto lugar, hay que señalar que pocas dudas puede haber en cuanto a que el hecho determinante que evitó la disolución del grupo de seguidores de Jesús, tras Su ejecución vergonzosa en la cruz, fue la firme creencia en Su resurrección provocada no por la tumba vacía, sino por las apariciones del resucitado.

Todos estos hechos resultan tan innegables desde una perspectiva histórica que las teorías para intentar explicarlos no han sido pocas, pero, sin duda, las más convincentes, en la medida en que permiten hacer justicia a los datos de las fuentes, a la presunta reacción psicológica de los discípulos de Jesús y a la conversión de incrédulos opuestos al colectivo (Pablo, Jacobo), son las tesis que admiten la veracidad de las apariciones, bien proporcionándoles un contenido subjetivo u objetivo.

A decir verdad, la única explicación que hace justicia a los hechos consignados en las fuentes consiste en reconocer que las apariciones de Jesús resucitado fueron hechos objetivos, tan numerosos y tan evidentes, que cambiaron de manera radical la percepción de los discípulos y su vida así como las de antiguos incrédulos e incluso enemigos. Como bien señaló en su día G. E. Ladd, «la fe no creó apariciones; sino que las apariciones crearon la fe», aunque «decir que estas apariciones milagrosas forzaban la fe es ir demasiado lejos».[2] En el mismo sentido, F. F. Bruce[3] afirmaría:

> Esta fe en la resurrección de los discípulos es un hecho histórico de importancia primordial, pero identificarlo con el suceso de la resurrección es confundir la causa con el efecto. De no ser por el suceso de la resurrección no habría existido fe en la resurrección. Pero la fe en la resurrección juntó de nuevo a los dispersados seguidores de Jesús, y a las pocas semanas de Su muerte aparecen como una comunidad coherente, vigorosa y autopropagadora en Jerusalén.

Solo la aceptación de que se produjeron una serie de hechos, de carácter histórico y que los discípulos los creyeron como prueba innegable de la resurrección de Jesús, permite comprender la evolución del golpeado movimiento, la captación por el mismo de antiguos incrédulos y enemigos y su potencial expansivo posterior.

La forma en que el historiador debe acercarse a esta experiencia concreta ha sido señalada de manera ejemplar, a nuestro juicio, por J. P. Meier, al señalar «que hubo testigos conocidos por nombre que pretendieron que el Jesús resucitado se les había aparecido (1 Cor. 15:5-8), que estos testigos incluían discípulos del Jesús

2. G. E. Ladd, *The Resurrection of Jesus*, Grand Rapids, 1975, pág. 181.
3. *Oc*, 1980, 205-206.

histórico que lo habían abandonado por miedo y que realizaron un notable «volte face» tras su desdichada muerte, que estos discípulos no eran incompetentes dementes, sino gente capaz de la propagación inteligente de un nuevo movimiento, y que algunos de estos discípulos entregaron sus vidas por la verdad de sus experiencias relacionadas con la resurrección —son todos hechos históricos. El cómo la gente reaccione ante esos hechos y ante el Jesús histórico le lleva a uno más allá de la investigación empírica introduciéndolo en la esfera de la decisión religiosa, de la fe y de la incredulidad».[4]

Al respecto, no deja de ser significativo que haya sido un erudito judío, David Flusser, el que haya afirmado:

> No tenemos ningún motivo para dudar que el Crucificado se apareciera a Pedro, «luego a los Doce, después a más de quinientos hermanos a la vez […] luego a Jacobo; más tarde a todos los Apóstoles» y, finalmente, a Pablo en el camino de Damasco (1 Cor. 15:3-8).[5]

Tampoco sorprende, en absoluto, que otro estudioso judío, Pinchas Lapide, haya sostenido el mismo punto de vista subrayando además el carácter judío de lo sucedido:

> Yo acepto la resurrección del Domingo de Pascua no como una invención de la comunidad de discípulos, sino como un acontecimiento histórico…[6]

Lapide añadiría después en una monografía dedicada al tema:

> Sin la experiencia del Sinaí no hay judaísmo; sin la experiencia de Pascua, no hay cristianismo. Ambas fueron experiencias judías de fe cuyo poder irradiador, de manera diferente, tenía como objetivo el mundo de naciones. Por razones inescrutables la fe en la resurrección del Gólgota fue necesaria para llevar el mensaje del Sinaí al mundo.[7]

---

4. J. P. Meier, «Jesus» en *The New Jerome Biblical Commentary*, Englewood Cliffs, 1990, pág. 1328.

5. D. Flusser, *Jesús*, Madrid, 1975, pág. 138.

6. P. Lapide y J. Moltmann, *Jewish Monotheism and Christian Trinitarian Doctrine: A Dialogue*, Filadelfia, págs. 59.

7. P. Lapide, *The Resurrection of Jesus: A Jewish Perspective*, Minneapolis, 1983, pág. 92.

En realidad, el que Jesús volviera de entre los muertos, tras haber muerto como el Mesías Siervo de YHVH, iba a tener unas consecuencias muchísimo más amplias que la de llevar el mensaje del Sinaí al mundo. A fin de cuentas, Jesús no había sido un rabino, sino mucho más. Precisamente por ello, Su vida y Su enseñanza siguen siendo de enorme importancia en la actualidad.

CONCLUSIÓN

En las páginas anteriores, he intentado abordar de manera sencilla la respuesta a varias cuestiones relacionadas con Jesús, como el contexto histórico en que vivió, la enseñanza que difundió, la gente a la que se dirigió, lo que dijo sobre sí mismo y lo que sucedió con Él. Por supuesto, este acercamiento ha sido sencillo y breve y para un tratamiento más en profundidad invito al lector a que examine mi obra *Más que un rabino: La vida y los tiempos de Jesús el judío*. Sin embargo, desearía compendiar lo expuesto en las páginas anteriores.

1. Jesús comenzó a predicar en un mundo que podría denominarse perverso, especialmente, si se observa quién era su máximo gobernante, quién era su representante en la tierra de Jesús, quiénes eran los políticos locales y quiénes eran las autoridades espirituales. Cualquier queja sobre la maldad de nuestro mundo seguramente estará justificada, pero recuerda mucho al contexto en que predicó Jesús.

2. Jesús predicó que la especie humana —como individuos y como colectivo— estaba perdida, tanto como una oveja descarriada que puede acabar siendo presa de las fieras, tanto como una moneda extraviada que nunca podrá volver al bolso de su dueña, tanto como un hijo necio que ha arruinado su vida lejos de la casa de su padre. De esa situación es imposible salir por nuestros medios, nuestras obras, nuestros ritos o nuestra religión.

3. La salida de la penosa situación en que está sumido el género humano solo puede darse cuando se reconoce el

estado de pecado y de perdición, y se vuelve el rostro a Dios.

4. En esa conversión hacia Dios, Jesús representa un papel único, esencial e ineludible. Solo a través de la fe en Él se puede recibir la salvación amorosa e inmerecida que viene de Dios.

5. Ese papel central de Jesús en la salvación se debe a que no era solo un rabino ni un maestro de moral. Era el Hijo del Hombre, el Mesías-Siervo de YHVH y el Hijo de Dios, al que llamaba con toda propiedad *Abbá* (papá). Que así fue queda de manifiesto por las docenas de profecías mesiánicas que se cumplieron en Él.

6. Como el Mesías-Siervo de YHVH, Jesús ofreció Su vida en expiación pagando por los pecados de muchos (Mar. 10:45). Este hecho central explica que se pueda recibir una salvación inmerecida mediante la fe en Jesús.

7. Esa enseñanza de que el Siervo de YHVH de Isaías 53 es el Mesías no es propia de Jesús ni del cristianismo. A decir verdad, la encontramos en el Antiguo Testamento y en el judaísmo intertestamentario aunque encontrara enormes resistencias en el judaísmo medieval.

8. La muerte de Jesús por decisión de las autoridades del templo de Jerusalén, que se apoyaron en el gobernador romano para conseguir que fuera crucificado, no significó el final.

9. Por el contrario, al tercer día, Dios reivindicó a Jesús y, cumpliendo la profecía contenida en Isaías 53, resucitó.

10. Esta suma de circunstancias convierte a Jesús en un personaje de importancia milenaria y, sobre todo, actual. A diferencia de personajes históricos como Alejandro, Napoleón o Colón, Jesús implica tomar decisiones que son trascendentales no solo para esta vida, sino también para la futura.

Quien ha escrito estas líneas descubrió a Jesús, leyendo el Nuevo Testamento en su lengua griega original, hace ya más de cuarenta años. Reconoció sus pecados. Reconoció que era incapaz de salvarse por obras, méritos, ceremonias o religiones. Reconoció que solo Dios le podía dar esa salvación inmerecida. Reconoció que esa donación de la vida eterna tenía como canal el creer que Jesús había muerto en la cruz como sacrificio expiatorio por el pecado. Tras reconocer todo esto, se dirigió a Dios y le pidió que le perdonara, lavara sus pecados y lo aceptara. Desde ese momento, recibió la salvación. Es esa salvación la que yo deseo para todos los que alcancen a leer esta obra. El camino es el mismo que lo fue para mí hace más de cuatro décadas. Amigo lector, le invito a seguirlo. ¡¡¡Que Dios lo bendiga!!!

APÉNDICE

JESÚS Y LAS PROFECÍAS MESIÁNICAS

Históricamente, no han faltado los personajes que han pretendido ser el Mesías anunciado en las Escrituras. Es cierto que no existen ejemplos antes de Jesús, pero, tras Su muerte, han abundado desde el mismo siglo I a finales del siglo XX cuando murió Menajem Mendel Schneerson, un personaje al que sus seguidores judíos consideran actualmente el mesías. En total, los pretendidos mesías han rondado el medio centenar a lo largo de veinte siglos.[1] ¿Por qué creyeron los seguidores judíos de Jesús en que era el Mesías? La razón esencial fue, aparte de las apariciones de la Pascua, su convicción de que Jesús había cumplido las profecías mesiánicas contenidas en las Escrituras judías (Luc. 24:25-32). En las páginas siguientes he consignado algunos ejemplos —ni lejanamente todos los que se podrían aducir— de esas profecías que permiten entender el grado de certeza que tenían aquellos primeros seguidores de Jesús en que era el Mesías.

Profecías 1-8: La estirpe del Mesías

El Mesías que debía redimir a Israel y, dicho sea de paso, a toda la humanidad, aparece delimitado con notable exactitud en las Escrituras, textos redactados entre quince y diez siglos antes del nacimiento de Jesús. En las siguientes líneas, se recogen el texto de la profecía mesiánica y, en paralelo, su cumplimiento en la persona de Jesús.

---

1. J. Rabow, *50 Jewish Messiahs*, Jerusalén y Nueva Cork, 2002.

1. Nacido de mujer

A diferencia de lo contemplado en otras religiones, las Escrituras de Israel no cifraban su esperanza en un ser angélico o mítico para su redención. Ésta derivaría de un hombre, nacido de una mujer, que tendría que enfrentarse en terrible combate con la serpiente.

Génesis 3:15

Y enemistad pondré entre ti y la mujer, y entre tu descendencia y su descendencia; ésta te herirá en la cabeza, y tú le herirás en el calcañar.

Gálatas 4:4

Mas venido el cumplimiento del tiempo, Dios envió Su Hijo, hecho de mujer, hecho súbdito a la ley.

2. Nacido de Abraham

Ese Salvador —que redimiría a todo el género humano— sería un descendiente de un oscuro habitante de Ur de los caldeos llamado Abraham, un personaje que había dejado a su familia y su patria para obedecer al único Dios dieciocho siglos antes del nacimiento de Jesús.

Génesis 22:18

En tu descendencia serán benditas todas las gentes de la tierra, por cuanto obedeciste mi voz.

Gálatas 3:16

A Abraham fueron hechas las promesas, y a su descendencia. No dice: «Y a las descendencias», como de muchos; sino como de uno: «Y a tu simiente», la cual es Cristo.

3. Nacido de Isaac

Abraham, sin embargo, tuvo un hijo de Agar —Ismael— y otro de Sara —Isaac— además de otros posteriores de Quetura. En teoría, el Mesías podía haber descendido de cualquiera de ellos, pero las Escrituras señalan que Su ascendencia sería la relacionada con Isaac, el hijo de Sara.

Génesis 21:12

Entonces dijo Dios a Abraham: «No te parezca grave lo del muchacho y tu sierva; en todo lo que te diga Sara, escúchala, porque de Isaac te vendrá la descendencia».

Lucas 3:23-24

Y el mismo Jesús comenzaba a ser como de treinta años, hijo de José, como se creía; que fue hijo de Elí […] que fue de Judá, que fue de Jacob, que fue de Isaac, que fue de Abraham, que fue de Tera, que fue de Nacor.

4. Nacido de Jacob

De la misma manera que Abraham, su padre, Isaac también tuvo varios hijos. El mayor se llamaba Esaú —de él procedería el reino de Edom— y el menor, Jacob. Las Escrituras señalan una vez más la línea por la que vendría el Mesías. Sería la de Jacob.

Números 24:17

Lo veré, pero no ahora. Lo miraré, pero no de cerca. Saldrá ESTRELLA de Jacob, y se levantará cetro de Israel.

Lucas 3:23-24

Y el mismo Jesús comenzaba a ser como de treinta años, hijo de José, como se creía; que fue hijo de Elí […] que fue de Judá, que fue de Jacob, que fue de Isaac, que fue de Abraham, que fue de Tera, que fue de Nacor.

5. Nacido de la tribu de Judá

Jacob, a su vez, tuvo hijos —los doce patriarcas— y además descendientes femeninos como Dina. Sin embargo, el Mesías profetizado vendría a través de Judá.

Génesis 49:10

No será quitado el cetro de Judá y el legislador de entre sus pies hasta que venga Silo y a él se congregarán los pueblos.

Lucas 3:22-23

Y descendió el Espíritu Santo sobre Él en forma corporal, como paloma, y se escuchó una voz del cielo que decía: «Tú eres mi Hijo amado, en ti me he complacido». Y el mismo Jesús comenzaba a ser como de treinta años, hijo de José, como se creía; que fue hijo de Elí […] que fue de Judá, que fue de Jacob, que fue de Isaac, que fue de Abraham, que fue de Tera, que fue de Nacor.

6. Nacido de la línea de Isaí.

De entre toda la tribu de Judá, el hijo de Jacob, el Mesías tendría
que venir de una familia concreta, la de Isaí o Jesé.

Isaías 11:1

Y saldrá una vara del tronco de Isaí, y un vástago retoñará
de sus raíces.

Lucas 3:23,32

Y el mismo Jesús comenzaba a ser como de treinta años, hijo
de José, como se creía; que fue hijo de Elí […] que fue de David,
que fue de Isaí, que fue de Obed, que fue de Booz, que fue de
Salmón, que fue de Naassón.

7. Nacido de la casa de David.

Isaí tuvo distintos hijos, pero el Mesías —según las Escrituras—
vendría de uno muy concreto, de David.

Jeremías 23:5

«Vienen los días», dice YHVH, «y despertaré a David un
renuevo justo, y gobernará como Rey, que será dichoso, y ejecu-
tará juicio y justicia en la tierra».

Lucas 3:23,31

Y el mismo Jesús comenzaba a ser como de treinta años, hijo
de José, como se creía; que fue hijo de Elí […] que fue de David,
que fue de Isaí, que fue de Obed, que fue de Booz, que fue de
Salmón, que fue de Naassón.

8. Los hijos de la madre del Mesías no creerían en Él.

De manera bien reveladora, el Mesías verdadero no sería creído
por los hijos de Su madre.

Salmo 68:8-9

Extraño he sido para mis hermanos y desconocido para los
hijos de mi madre. Porque me consumió el celo por tu casa.

Juan 7:3-5

Y le dijeron sus hermanos: «Sal de aquí y vete a Judea, para
que también tus discípulos vean las obras que hacen, porque
ninguno que procura darse a conocer hace algo en secreto. Si
estas cosas haces, manifiéstate al mundo». Porque ni aún sus
hermanos creían en Él.

Juan 2:16-17

Y dijo a los que vendían palomas: «Quitad esto de aquí, y no convirtáis la casa de mi Padre en casa de mercado». Entonces se acordaron sus discípulos de que estaba escrito: «El celo por tu casa me consume».

Profecías 9-15: El lugar y la época del nacimiento del Mesías

Si las profecías anteriores —todas ellas cumplidas por Jesús— perfilaban de manera muy clara la estirpe a la que debería pertenecer el Mesías, las que vamos a examinar a continuación señalan el lugar donde debería nacer y la época concreta en que debería tener lugar ese hecho.

9. Nacido en Belén.

Dadas las circunstancias de Su filiación, el Mesías podía haber nacido en cualquier parte del mundo. Por supuesto, Jerusalén hubiera sido un enclave ideal en la medida en que era la capital del reino de Judá, pero no hubiera resultado un disparate que el Mesías viera la primera luz en el exilio. A fin de cuentas, en el exilio había profetizado Ezequiel y se consolidaron aspectos esenciales de lo que conocemos como judaísmo del segundo templo, el mismo en que nació Jesús. Sin embargo, las Escrituras —ocho siglos antes del nacimiento de Jesús— señalaron que el lugar donde nacería sería Belén. No solo eso. La profecía de Miqueas obliga a pensar que el Mesías es un personaje que existía antes de Su encarnación.

Miqueas 5:2

Mas tú, Belén Efrata, pequeña entre los millares de Judá, de ti me saldrá el que será Señor en Israel; y sus salidas son desde el principio, desde los días de la eternidad.

Mateo 2:1

Y cuando nació Jesús en Belén de Judea en días del rey Herodes…

10. Nacido cuando no hubiera un rey judío.

El nacimiento del Mesías tendría lugar en una época muy especial. A pesar de proceder de la estirpe de David, no sucedería en el trono a alguien que perteneciera a ella. A decir verdad, cuando naciera, el cetro que estaría gobernando a los judíos no se encontraría en manos de un judío. De manera verdaderamente reveladora, Jesús nació en el único período de la historia universal en que ha existido un reino judío que contaba con un monarca que no era judío. Se trataba del idumeo Herodes. Semejante circunstancia no se daría ni antes ni después en la historia.

Génesis 49:10

No será quitado el cetro de Judá, y el legislador de entre sus pies, hasta que venga Silo.

Mateo 2:1

Y cuando nació Jesús en Belén de Judea en días del rey Herodes…

11-15. Nacido cuando aún estuviera en pie el templo.

De la misma manera que el poder regio de Judá no estaría en manos de un judío cuando llegara el Mesías, el templo sí estaría en pie. Esta circunstancia tenía una obvia relevancia porque no siempre ha existido templo en Jerusalén —en la actualidad, por ejemplo, no hay templo— y porque la experiencia histórica de Israel era que podía ser arrasado y permanecer así durante décadas. Por si fuera poco, el templo volvió a ser arrasado unas cuatro décadas después de la crucifixión de Jesús y no ha sido reconstruido con posterioridad. Sin embargo, cuando el Mesías naciera debería existir, según las Escrituras.

Malaquías 3:1

«He aquí, yo envío mi mensajero, que preparará el camino delante de mí: y luego vendrá a su templo el Señor a quien vosotros buscáis, y el ángel del pacto, a quien deseáis. He aquí viene», ha dicho YHVH de los ejércitos.

Salmo 118:26

Bendito el que viene en nombre de YHVH. Desde la casa de YHVH os bendecimos.

Daniel 9:26

Y después de las sesenta y dos semanas se quitará la vida al Mesías, y no por sí; y el pueblo de un príncipe que ha de venir, destruirá a la ciudad y el templo.

Hageo 2:7-9

«Y haré temblar a todas las gentes, y vendrá el Deseado de todas las gentes; y llenaré esta casa [el templo] de gloria», ha dicho YHVH de los ejércitos. «Mía es la plata, y mío el oro», dice YHVH de los ejércitos. «La gloria de esta casa última será mayor que la de la primera», ha dicho YHVH de los ejércitos; «y daré paz en este lugar», dice YHVH de los ejércitos.

Zacarías 11:13

Y me dijo YHVH: «Échalo al tesorero, el hermoso precio con que me han apreciado». Y tomé las treinta piezas de plata, y las di al tesorero de la casa de YHVH.

No deja de ser significativo que la época del nacimiento del Mesías no escapó a los sabios de Israel anteriores y posteriores a Jesús. Por ejemplo, en Lam. Rab. 1:51, pág. 36, se indica claramente que el Siloh de Génesis 49:10, que nacería cuando el cetro de Israel estuviera en manos de un no judío, es el Mesías. No menos significativo es el reconocimiento de Gen. Rab 85:1 en el sentido de que «antes de que el último esclavizador [Tito] naciera» había nacido el Mesías o la referencia talmúdica recogida por Martín Buber en el sentido de que «todos los plazos de la redención ya han pasado».[2] Efectivamente, de acuerdo con las Escrituras, el Mesías debía nacer en una época muy concreta. De manera bien significativa, a pesar de las docenas de pretendientes mesiánicos que han aparecido a lo largo de la hstoria, únicamente Jesús nació en ese tiempo.

Profecías 16-21: Las circunstancias relacionadas con el ministerio del Mesías

Aparte de la estirpe y de la época y lugar del nacimiento del Mesías, las Escrituras también señalan algunas circunstancias que caracterizarían Su ministerio.

---

2. M. Buber, *Tales of the Hasidim*, Nueva York, 1948, II, pág. 72.

16. Sería precedido por un mensajero que predicaría en el desierto.

Isaías 40:3

Voz que clama en el desierto: «Preparad un camino a YHVH; haced recta una calzada en el yermo para nuestro Dios».

Mateo 3:1-2

Y en aquellos días vino Juan el Bautista predicando en el desierto de Judea, y diciendo: «Arrepentíos, que el reino de los cielos se ha acercado».

17. El ministerio del Mesías comenzaría en Galilea.

Las Escrituras señalaban que el ministerio del Mesías debía iniciarse en Galilea, una tierra especialmente castigada por la acción de potencias enemigas de Israel y también fronteriza con otros pueblos. De manera significativa, el Mesías no solo consolaría a los afligidos, sino que además estaría cerca de los que no formaban parte de Israel. Se trata de un cumplimiento de la profecía que aparece señalada en fuentes judías como el Zohar 1:119a. En cuanto a la identificación del texto de Isaías 9:1 y ss. con el Mesías, tiene un rancio abolengo judío. Así lo indica, por ejemplo, el testimonio de R. Yose el galileo recogido en Pereq Shalom pág. 101.

Isaías 8:23–9:1:6

… Zabulón y tierra de Neftalí […] a la orilla del mar, más allá del Jordán, en Galilea de los gentiles, el pueblo que caminaba en la oscuridad ha visto una gran luz y sobre aquellos que moraban en la tierra de sombra de muerte ha brillado una luz […] porque un niño nos ha nacido, un hijo nos ha sido dado, y el dominio descansará sobre su hombro y será llamado Admirable consejero, Dios fuerte, Padre eterno, príncipe de paz…

Mateo 4:12,13,17

Pero, al escuchar Jesús que Juan estaba preso, se volvió a Galilea; y dejando a Nazaret, vino y habitó en Cafarnaum, ciudad marítima, en los confines de Zabulón y de Neftalí […]. Desde entonces comenzó Jesús a predicar, y a decir: «Convertíos, porque el reino de los cielos se ha acercado».

18. Realizaría milagros.

Otra de las marcas de la redención traída y anunciada por el Mesías sería la realización de milagros.

Isaías 35:5-6

Entonces los ojos de los ciegos se abrirán y lo mismo sucederá con los oídos de los sordos. Entonces el cojo saltará como un ciervo, y la lengua del mudo cantará…

Mateo 9:35

Y marchaba Jesús por todas las ciudades y aldeas, enseñando en sus sinagogas y predicando el evangelio del reino, y curando toda enfermedad y toda dolencia del pueblo.

19. Enseñaría con parábolas.

De manera bien significativa, el Mesías utilizaría el *mashal* o parábola como forma de enseñanza.

Salmo 78:2

Abriré mi boca en parábola; hablaré arcanos de antaño.

Mateo 13:34

Todo esto se lo dijo Jesús a las gentes utilizando parábolas, y sin parábolas no les hablaba.

20. Se presentaría en el templo.

El Mesías no solo vendría en una época en que el templo estaría en pie —es decir, antes del año 70 d. C. en que fue destruido por las legiones romanas de Tito —sino que además lo visitaría.

Malaquías 3:1

«He aquí, yo envío a mi mensajero, que preparará el camino delante de mí y entonces vendrá a su templo el Señor a quien vosotros buscáis, y el mensajero del pacto, a quien deseáis. Vendrá con seguridad», ha dicho YHVH de los ejércitos.

Mateo 21:12

Y entró Jesús en el templo de Dios, y echó fuera a todos los que vendían y compraban en el templo, y volcó las mesas de los cambistas, y las sillas de los que vendían palomas.

21. El mesías entraría en Jerusalén montado en un asno.

Como rey de paz, el Mesías no realizaría Su entrada en Jerusalén en una montura militar como el caballo, sino en un asno.

La identificación del texto de Zacarías 9:9 con una profecía mesiánica cuenta con claros paralelos en la teología judía recogida en el Talmud y en escritos posteriores como el Zohar 3:69a.

Zacarías 9:9

Alégrate mucho, hija de Sión; lanza voces de júbilo, hija de Jerusalén, porque tu Rey vendrá a ti, justo y salvador, humilde, y cabalgando sobre un asno, sobre un pollino hijo de asna.

Lucas 19:35-37

Y lo llevaron a Jesús; y, tras echar sus vestidos sobre el pollino, montaron a Jesús encima. Y mientras se iba desplazando, tendían sus capas por el camino. Y cuando estaban acercándose a la bajada del monte de los Olivos, toda la multitud de los discípulos, llena de alegría, comenzó a alabar a Dios a gran voz por todas las maravillas que habían visto,

Profecías 22-49. Circunstancias relacionadas con la muerte del Mesías

Como hemos tenido ocasión de ver, la idea de la muerte del Mesías estaba muy arraigada en el judaísmo anterior a Jesús. Tanto los esenios de Qumrán —de los que proceden los documentos del Mar Muerto— como la literatura rabínica hacen referencia a un Mesías que sufriría y daría Su vida por el pueblo. Aún más. Ese Mesías es asociado con el Siervo Sufriente de YHVH (Isa. 52:13–53:12). Al respecto, no deja de ser significativo que R. Patai dedique un capítulo entero de su estudio sobre el Mesías judío a este tema.[3] En 4 Esdras 7:27-30, se hace referencia a como «el Mesías» al que Dios llama «Hijo» precisamente «morirá». En Y. Suk 55b y B. Suk 52a, se interpreta Zacarías 12:10 como una profecía referente a la muerte del Mesías. Por lo que se refiere a los textos de Isaías 53 son relacionados con el Mesías en distintas fuentes judías incluido el Talmud (Sanh 98b). De hecho, en el Talmud los discípulos de Judá ha-Nasí todavía ven al Mesías en Isaías 53. Lo mismo puede decirse de pasajes como el midrash sobre Rut 2:14 y Pesiqta Rabbati 36. De manera

---

3. R. Patai, *The Messiah Texts*, Detroit, 1979, págs. 104 y ss.

bien significativa, la tradición judía más antigua insistía en los sufrimientos y la muerte del Mesías y en Su identificación con el Siervo de Isaías 53.

22-23. Traicionado por un amigo.

El Mesías sería traicionado por uno de Sus amigos más cercanos.

Salmo 41:9

Incluso el hombre de mi paz, en quien yo confiaba, el que de mi pan comía, levantó contra mí el calcañar.

Salmo 55:12-14

Porque no me afrentó un enemigo, que yo lo habría soportado; ni se alzó contra mí el que me aborrecía, porque me hubiera ocultado de él, sino tú, hombre, que eras mi amigo íntimo mío…

Mateo 10:2,4

Y los nombres de los doce apóstoles son: […] y Judas Iscariote, que lo entregó.

Mateo 26:49

Y cuando Judas llegó a donde estaba Jesús, dijo: «Salve, Maestro». Y le besó.

24. Vendido por treinta monedas de plata.

Zacarías 11:12

Y les dije: «Si os parece bien, dadme mi salario; y si no, dejadlo». Y pesaron por mi salario treinta piezas de plata.

Mateo 26:15

Y les dijo Judas: «¿Qué me queréis dar, y yo os lo entregaré?». Y ellos le señalaron treinta piezas de plata.

25. El dinero de la traición sería arrojado en la casa de Dios.

Zacarías 11:13

Y me dijo YHVH: «Arrójalo al tesorero, hermoso precio con que me han apreciado». Y tomé las treinta piezas de plata, y se las arrojé al tesorero, en la casa de YHVH.

Mateo 27:5

Y, tras arrojar las piezas de plata en el templo, se marchó y fue, y se ahorcó.

26. El Mesías sería abandonado por Sus discípulos.
Zacarías 13:7

«Levántate, oh espada, sobre el pastor, y sobre el hombre que es mi compañero», dice YHVH de los ejércitos. «Hiere al pastor y las ovejas se desperdigarán…

Marcos 14:50

Entonces todos sus discípulos lo dejaron y huyeron.

27. El Mesías sería acusado por falsos testigos.
Salmo 35:11

Se levantaron contra mi testigos falsos; me interrogaron sobre cosas que no sabía.

Mateo 26:59-60

Y los príncipes de los sacerdotes, y los ancianos, y todo el consejo, buscaban falso testimonio contra Jesús, para entregarle a la muerte; y no lo hallaron, aunque se presentaron muchos testigos falsos, pero, al final, llegaron dos testigos falsos.

28. El Mesías permanecería callado ante Sus acusadores.
Isaías 53:7

Angustiado Él, y afligido, no abrió la boca. Como cordero fue llevado al matadero; y, como una oveja que se encuentra ante sus trasquiladores, enmudeció, y no abrió la boca.

Mateo 27:12

Y cuando era acusado por los principales de los sacerdotes, y por los ancianos, no respondió nada.

29. El Mesías sería herido y golpeado.
Isaías 53:5

Pero Él fue herido por nuestras rebeliones, molido por nuestros pecados. El castigo de nuestra paz vino sobre Él; y por su llaga fuimos curados.

Mateo 27:26

Entonces les soltó a Barrabás, y tras azotar a Jesús, lo entregó para que fuera crucificado.

Juan 19:11

Respondió Jesús [a Pilato]: «Ninguna potestad tendrías contra mí, si no te hubiese sido dada desde arriba; por tanto, el que a ti me ha entregado, tiene mayor pecado».

30. El Mesías sería escupido.

Isaías 50:6

Di mi cuerpo a los que me herían, y mis mejillas a los que me tiraban del cabello. No escondí el rostro de los insultos y de los escupitajos.

Mateo 26:67

Entonces le escupieron en el rostro, y le dieron de bofetadas; y otros le propinaban puñetazos.

31. Se atribuiría la condena del Mesías a Dios.

Aunque el Mesías sería enviado por Dios, en el momento de Su rechazo y muerte, muchos considerarían que era el propio Dios el que lo castigaba por mantener unas pretensiones injustificadas.

Isaías 53:4

Ciertamente llevó Él nuestras enfermedades, y sufrió nuestros dolores; y nosotros lo consideramos azotado, herido por Dios y abatido.

Marcos 14:53-65

Y trajeron a Jesús al sumo sacerdote; y se reunieron con él todos los principales sacerdotes y los ancianos y los escribas. Sin embargo, Pedro le siguió de lejos hasta el interior del patio del sumo sacerdote; y se sentó con los sirvientes y se calentaba al fuego. Y los principales sacerdotes y todo el concilio buscaban un testimonio contra Jesús, para entregarlo a la muerte, pero no lo encontraban. Porque muchos decían falso testimonio contra Él, pero sus testimonios no concordaban. Entonces aparecieron unos que dieron falso testimonio contra Él, diciendo: «Nosotros le hemos oído decir: "Yo derribaré este templo que ha sido hecho por mano, y en tres días edificaré otro hecho sin mano"». Pero ni siquiera de esa manera coincidía su testimonio. Entonces el sumo sacerdote, levantándose, preguntó a Jesús: «¿No respondes nada? ¿Qué atestiguan estos contra ti?». Pero Él permanecía callado, y no respondía nada. El sumo sacerdote le volvió a preguntar, y le dijo: «¿Eres tú el Mesías, el Hijo del Bendito?». Y Jesús le dijo: «Yo soy; y veréis al Hijo del Hombre sentado a la diestra del poder de Dios, y viniendo en las nubes del cielo». Entonces el sumo sacerdote, rasgando sus vestiduras, dijo: «¿Qué más necesidad tenemos de testigos? Habéis oído la blasfemia: ¿qué os parece?». Y todos lo condenaron como reo de muerte. Y algunos comenzaron a escupirle y a cubrirle el rostro, y a darle bofetadas, y a decirle: «Profetiza». Y los sirvientes le daban de bofetadas.

32. Objeto de burlas.

El Mesías sería también un personaje sobre el que recaerían mofas y burlas.

Salmo 22:7-8

Todos los que me ven, se mofan de mí, hacen gestos con los labios, menean la cabeza, diciendo: «Que se encomiende a YHVH, que Él lo libre, que lo salve puesto que en Él se complacía».

Mateo 27:29

Y le pusieron en la cabeza una corona tejida de espinas, y una caña en la mano derecha; y poniéndose de rodillas delante de Él, se burlaban, diciendo: «¡Salve, Rey de los Judíos!».

33. Sus manos y Sus pies serían taladrados.

Las Escrituras también describen con detalle la manera en que el Mesías recibiría muerte. De hecho, Sus padecimientos incluirían que le traspasaran las manos y los pies.

Salmo 22:16

Porque me han rodeado perros; me ha cercado una cuadrilla de malignos. Han horadado mis manos y mis pies.

Lucas 23:33

Y cuando llegaron al lugar que se llama de la Calavera, le crucificaron allí, y también a los malhechores, uno a la derecha, y otro a la izquierda.

34. El Mesías sería ejecutado con delincuentes.

El Mesías sería ejecutado como un criminal y al lado de delincuentes.

Isaías 53:12

Por tanto yo le daré parte con los grandes, y con los fuertes repartirá despojos ya que derramó su vida hasta la muerte, y fue contado con los malvados, mientras llevaba el pecado de muchos y oraba por los transgresores.

Mateo 27:38

Entonces crucificaron con Él a dos ladrones, uno a la derecha, y otro a la izquierda.

35. El Mesías intercedería por Sus perseguidores.

En medio de Su dolor, el Mesías oraría por los que le ocasionaban Sus sufrimientos.

Isaías 53:12

Por tanto yo le daré parte con los grandes, y con los fuertes repartirá despojos ya que derramó su vida hasta la muerte, y fue contado con los malvados, mientras llevaba el pecado de muchos y oraba por los transgresores.

Lucas 23:34

Y Jesús decía: «Padre, perdónalos, porque no saben lo que hacen». Y repartiendo sus vestiduras, sobre ellas echaron suertes.

36. El Mesías sería rechazado por Su propio pueblo.

De manera bien significativa, y a pesar de la espera de siglos, el Mesías no sería aceptado como tal por la mayoría de Israel, Su propio pueblo.

Isaías 53:3

Despreciado y desechado entre los hombres, varón de dolores, experimentado en quebranto. Escondimos el rostro de Él. Fue menospreciado, y no lo apreciamos.

Juan 7:5

Porque ni aun sus hermanos creían en Él…

Juan 7:47-48

Entonces los fariseos les respondieron: «¿También vosotros habéis caído en el engaño? ¿Acaso ha creído en Él alguno de los príncipes, o de los fariseos?».

37. El Mesías sería odiado sin causa.

No solo sería rechazado. Además el Mesías sería objeto de un odio que no merecería.

Salmo 69:4

Han aumentado más que los cabellos de mi cabeza los que me aborrecen sin motivo. Se han fortalecido mis enemigos, los que me destruyen sin razón alguna. Así pago lo que no he hecho.

Juan 15:25

Sino para que se cumpla la palabra que está escrita en su ley: «Sin motivo me aborrecieron».

38. Los amigos del Mesías se apartarían de Él en medio de Sus sufrimientos.

Salmo 38:11

Mis amigos y mis compañeros se apartaron de mí en mi dolor y la gente que era cercana se alejó.

Lucas 23:49

Pero todos sus conocidos, y las mujeres que le habían seguido desde Galilea, contemplaban todo desde lejos.

39. La gente sacudiría la cabeza al ver el suplicio del Mesías.

Salmo 109:25

Para ellos he sido objeto de oprobio. Me miraban y meneaban su cabeza.

Mateo 27:39

Y los que pasaban, le arrojaban injurias, meneando la cabeza.

40. El Mesías sufriría tormento a la vista de los demás.

Salmo 22:7

Todos los que me ven, se burlan de mí. Hacen gesto con los labios y menean la cabeza.

Lucas 23:35

Y el pueblo estaba mirando; y se burlaban de Él los príncipes que estaban con ellos, diciendo: «A otros salvó: sálvese a sí mismo, si es el Mesías, el elegido de Dios».

41. Las vestiduras del Mesías serían repartidas.

Salmo 22:18

Repartieron entre sí mis vestiduras y sobre mi ropa echaron suertes.

Juan 19:23-24

Y una vez que los soldados hubieron crucificado a Jesús, echaron mano de sus vestiduras, e hicieron cuatro partes (una para cada soldado); y la túnica, pero la túnica era sin costura, toda tejida desde arriba. Y se dijeron: «No la partamos, sino echemos suertes sobre ella, para determinar de quién será»; para que se cumpliese la Escritura, que dice: «Repartieron entre sí mis vestiduras, y sobre mi ropa echaron suertes». Y así se comportaron los soldados.

42. El Mesías sufriría sed durante Su tormento.
Salmo 69:21
Me pusieron además hiel por comida, y cuando tenía sed me dieron vinagre para beber.
Juan 19:28
Después de esto, sabiendo Jesús que todas las cosas se habían cumplido, para que la Escritura se cumpliese, dijo: «Tengo sed».

43. En Su tormento, darían al Mesías hiel y vinagre.
Salmo 69:21
Me pusieron además hiel por comida, y cuando tenía sed me dieron vinagre para beber.
Mateo 27:34
Le dieron a beber vinagre mezclado con hiel: y, tras probarlo, no lo quiso beber.

44. El Mesías se sentiría abandonado durante Su agonía.
Salmo 22:1
Dios mío, Dios mío, ¿por qué me has abandonado? ¿Por qué estás lejos de mi salvación y de las palabras de mi clamor?
Mateo 27:46
Y cerca de la hora novena, Jesús exclamó a gran voz: «Elí, Elí, ¿lamá sabactaní?», que significa: «Dios mío, Dios mío, ¿por qué me has abandonado?».

45. El Mesías se encomendaría a Dios en el momento de Su muerte.
Salmo 31:5
En tu mano encomiendo mi espíritu. Tú me has redimido, oh YHWH, Dios de verdad.
Lucas 23:46
Entonces Jesús, clamando a gran voz, dijo: «Padre, en tus manos encomiendo mi espíritu». Y tras decir esto, expiró.

46. A pesar de padecer un horrible tormento, los huesos del Mesías no serían quebrados.

Salmo 34:20

Él guarda todos sus huesos; ni uno de ellos será quebrantado.

Juan 19:33

Pero cuando se acercaron a Jesús, al ver que ya estaba muerto, no le quebraron las piernas.

47. Traspasarían el costado del Mesías.

Zacarías 12:10

Y derramaré espíritu de gracia y oración sobre la casa de David, y sobre los habitantes de Jerusalén y me mirarán a Mí, a quien traspasaron, y harán llanto sobre Él, como llanto sobre unigénito, afligiéndose sobre Él como quien se aflige sobre primogénito.

Juan 19:34

Pero uno de los soldados le abrió el costado con una lanza, y entonces salió sangre y agua.

48. En el momento de la muerte del Mesías, se produciría oscuridad sobre la tierra.

Amós 8:9

«Y acaecerá en aquel día», dice el Señor YHVH, «que haré se ponga el sol al mediodía, y en medio de la claridad del día cubriré de tinieblas la tierra».

Mateo 27:45

Y desde la hora sexta hasta la nona hubo tinieblas sobre toda la tierra.

49. La muerte del Mesías tendría un carácter expiatorio.

Isaías 53:10

Con todo eso YHVH quiso quebrantarlo, sujetándolo a padecimiento. Después de que haya ofrecido su vida en expiación por el pecado, verá linaje, vivirá por largos días, y en su mano prosperará la voluntad de YHVH.

Marcos 10:42-45

Pero Jesús, llamándolos, les dijo: «Sabéis que los que son príncipes sobre las naciones, se enseñorean de ellas, y los que entre

ellas son grandes, tienen sobre ellas potestad. Pero entre vosotros
no será así. Por el contrario, cualquiera que quiera ser grande
entre vosotros, será vuestro servidor; y cualquiera de vosotros
que quiera ser el primero, será siervo de todos. Porque el Hijo
del Hombre tampoco vino para ser servido, sino para servir, y
dar su vida en rescate por muchos».

Profecías 50-52. Las circunstancias relacionadas con sucesos posteriores a la muerte del Mesías

Aunque suele señalarse con bastante frecuencia que la idea de la
resurrección del Mesías es típicamente cristiana, tal afirmación
no se corresponde con lo que encontramos en las fuentes. De
hecho, ya en Isaías 53 se indica que, tras ofrecer Su vida en
expiación por el pecado, el Siervo-Mesías vería la vida. En el
judaísmo posterior, hallamos referencias a cómo el Mesías sería
revelado, cómo moriría, cómo sería llevado al cielo por Dios
y, después de un tiempo, regresaría (Midrash Rabbah sobre
Rut 5:6; Midrash sobre Rut 2:14; 2 Baruc 30:1-5; etc.). De
manera bien significativa, la resurrección tendrá lugar no con
ocasión de la primera aparición del Mesías sino con la segunda
(Zohar 1:139a-b). Todos estos aspectos configuran una visión
que es similar a la recogida en el Nuevo Testamento y cuya única
diferencia es la afirmación de éste de que Jesús es el Mesías.

50. A pesar de haber recibido la muerte al lado de delincuentes, el Mesías sería enterrado en la tumba de un hombre rico.
   Isaías 53:9
   Y se dispuso con los impíos su sepultura, pero en su muerte
estuvo con los ricos; porque nunca perpetró maldad, ni hubo
engaño en su boca.
   Mateo 27:57-60
   Y cuando llegó la tarde, vino un hombre rico de Arimatea,
llamado José, que también había sido discípulo de Jesús. Este
llegó a Pilato, y pidió el cuerpo de Jesús. Entonces Pilato ordenó
que se le entregase el cuerpo. Y tomando José el cuerpo, lo envol-
vió en una sábana limpia, y lo colocó en un sepulcro nuevo, que

había labrado en la roca y, tras disponer una gran piedra a la entrada del sepulcro, se fue.

51. El Mesías se convertiría en piedra de tropiezo.
Salmo 118:22
La piedra que desecharon los constructores se ha convertido en piedra angular.
1 Pedro 2:7
[La piedra que es Jesús] es, por lo tanto, un honor para vosotros que creéis, pero para los desobedientes, «la piedra que desecharon los constructores se ha convertido en piedra angular».

52. El Mesías de Israel sería luz para los gentiles.
Isaías 60:3
Y andarán los gentiles a tu luz, y los reyes al resplandor de tu nacimiento.
Hechos 13:47-48
Porque así nos ha mandado el Señor, diciendo: «Te he puesto para luz de los gentiles para que seas salvación hasta los confines de la tierra». Y los gentiles, al escucharlo, se marcharon alegres y glorificaban la palabra del Señor: y creyeron todos los que estaban ordenados para la vida eterna.